내게
익숙한 것들의
역사

내게 익숙한 것들의 역사

초판 4쇄 발행 2023년 5월 15일

글 문부일　　　**그림** 홍지혜
펴낸이 정혜숙　　　**펴낸곳** 마음이음

책임편집 이금정　　**디자인** 김세라
등록 2016년 4월 5일(제2016-000005호)
주소 03925 서울시 마포구 월드컵북로 402, 9층 917A호(상암동 KGIT센터)
전화 070-7570-8869　　**전자우편** ieum2016@hanmail.net
블로그 https://blog.naver.com/ieum2018

ISBN 979-11-89010-97-3 43900
　　　　979-11-960132-5-7 (세트)

JEAN

문부일 글 | 홍지혜 그림

내게 익숙한 것들의 역사

마음이음

1. 익숙한 장소의 역사

집배원 아저씨가
아이를
배달했다고?

　중요한 편지를 기다리고 있는데 마침 우편함에 편지 한 통이 있는 거야. 콩닥거리는 마음을 가라앉히고 급히 편지를 열어 보니, 이 편지를 읽고 똑같이 베껴서 10명에게 보내지 않으면 불행해질 거라는 반갑지 않은 편지라면? 요즘은 디지털 시대라 행운의 편지도 문자로 보내려나? 집배원 아저씨가 이런 편지는 미리 알아서 버려 주면 좋으련만……

그런데 우편물을 함부로 버리면 처벌받아. 하루에 많은 양을 배달해야 하는 집배원 아저씨는 그런 것에 신경 쓸 겨를도 없고.

집배원 아저씨는 하루에 몇 통의 편지나 소포를 배달할까?

우정사업본부에 따르면 2만 명의 집배원이 1년에 37억 통의 우편물을 배달하고, 연간 총 1억 8500km를 이동하는데 이는 지구 4000바퀴를 도는 어마어마한 거리에 해당한대.

눈이 오나 비가 오나 우편물을 배달하는 집배원 아저씨들에게 고마운 마음을 전하며 우편의 역사를 알아볼까?

고대 이집트와 중국의 고대 왕조 주나라에 우편 제도가 있었어. 우리나라에도 신라 소지왕 때 국가에서 중요 문서를 전달하려고 우역을 설치했다는 기록이 있으니 우편의 역사는 아주 오래되었어. 그때는 글을 모르는 사람이 많아 편지를 보낼 일이 별로 없어서 우편 제도가 국가 업무를 위한 거였어.

쿠르수스 푸블리쿠스는 로마의 유명한 우편 제도야. 로마는 사방으로 뻗은 도로를 만들어 그 중간에 역참을 설치해 파발마와 파발꾼을 두고 우편을 전달했어. 당시 우편을 배달하던 파발꾼들의 속도가 엄청 빨라서 하루에 130km를 달렸을 정도야. 서울에서 대전까지 거리가 약 150km니까 파발꾼들이 얼마나 빨리 달렸는지 알겠지?

이후 글을 읽는 사람이 많아지면서 우편물이 점점 늘어나자 1627년 공공 우편 제도의 기본 원칙이 만들어져 요금과 우편 시간이 정해지고, 대도시에 우체국이 생겨났지. 그리고 1635년에 영국에서는 독립된 공공 우편 제도가 만들어졌어.

그러다가 공공 우편 제도가 해결하지 못하는 불편함을 해결하려고

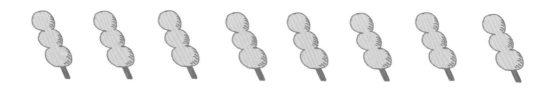

1680년에 영국의 윌리엄 도크라가 1페니 우편을 만들어. 1페니를 받고 우편물을 배달했는데, 선불로 요금을 받았다는 증거로 봉투에 소인, 즉 도장을 찍었어. 소인을 보면 우편물을 접수한 날짜와 어느 우체국에서 보냈는지를 알 수 있었지.

18세기 이후 경제가 성장하면서 우편물이 더욱 많아졌어. 그리고 새로운 우편 배달 방식이 필요해지면서 우표가 생겼어.

영국에서는 우편물을 받는 사람이 요금을 냈는데 그러다 보니 우편물을 받지 않겠다는 사람이 많았나 봐. 받고 싶지 않은 우편물을 돈을 내면서까지 받아야 할 이유는 없잖아? 그리고 안타깝게도 꼭 받아야 하는 우편물을 돈이 없어서 못 받기도 했지. 배달 거리를 기준으로 금액이 매겨지다 보니 우편료 계산 또한 복잡했어.

이런 문제를 영국의 교육가이자 세금 개혁가인 로랜드 힐이 해결해. 요금은 보내는 사람이 내고, 금액은 무게를 기준으로 정한 거지. 요금을 냈다는 증거가 바로 1840년에 만든 우표야. 당시 왕이었던 빅토리아 여왕의 얼굴을 인쇄해 만들었는데 1페니짜리는 검은색이어서 '블랙 페니', 2펜스짜리는 파란색이어서 '펜스 블루'라고 했어. 우표보다 조금 먼저 최초의 우편 봉투도 탄생했지. 우편 요금 1페니가 지급되었다는 내용이 인쇄된 봉투였는데, 화가 윌리엄 멀레디가 도안하여서 멀레디 봉투라고 불렀어.

한국 최초의 우체국은 1884년에 문을 연 우정총국이야. 하지만 그곳에서 갑신정변이 일어나 곧 문을 닫았지. 당시 5문, 10문 우표를 2종 발행했는데 화폐 단위가 문(文)이라서 그렇게 이름을 붙였어. 폐지된 우정총국은 1895년에 본격적으로 우편 업무를 다시 시작했어. 그런데 서울 중심에서 접수된 우편물이 보름 동안 137통 정도에 불과했다고 해.

우체통은 처음에는 나무로 만들었다가 일제 강점기 때부터 원통형 빨간 우체통으로 바뀌어. 그런데 왜 빨간색일까? 눈에 잘 띄고, 빨간색이 신속을 상징하잖아. 그래서 소방차도 빨간색이야.

우리나라는 세계에서 15번째로 우편번호 제도를 도입했고, 우체국 수는 1945년 692국에서 2018년까지 3476국으로 늘었어. 그러나 스마트폰의 보급으로 공문서까지 이메일이나 메시지로 받으면서 편지가 줄어 우체국 수도 점차 줄고 있지. 또한 1993년 5만 7000개나 되었던 우체통은 2015년 기준 1만 6000개로 줄었어. 석 달 동안 우체통에 편지가 한 통도 없으면 철거하기로 했지. 이러다가 언젠가는 우체통을 박물관에서나 보게 될지도 몰라.

세상의 흐름에 맞게 우편 배달 방식도 바뀌고 있어. 국내 최초로 드론으로 우편물 배달에 성공했고, 2022년 본격적으로 드론 배달을 시작한다고 해. 언젠가는 집배원 아저씨의 모습도 낯설어질 때가 오겠지?

기상천외한 배달의 역사

1860년 미국 캘리포니아에 급행 배달 회사가 생겼어. 마부가 마차를 몰아서 배달했는데 아무나 그 일을 할 수는 없었어.

구인 광고에 적힌 문구를 볼까?

젊고 마른 사람 구함.

18세 이하, 전문적으로 말을 타는 사람이며 기꺼이 죽음을 각오해야 함.

내용이 무시무시하지?

배달 품목도 다양해. 칠면조 같은 동물도 무게를 재어 소포로 보냈는데, 사람도 배달했다지 뭐야? 아이를 할머니 집에 보내야 하는데 같이 갈 어른이 없었나 봐. 있을 수 없는 일이지만 그 당시에는 집배원에 대한 믿음이 커서 가능했었지. 그 이후에 어린이 배달이 증가했는데 배달료가 기차비보다 싸기 때문이었다니!

인간 동물원이 있었다고?

동물 좋아해? 집에서 강아지를 키운다고? 강아지나 고양이는 흔히 볼 수 있지만 사자, 호랑이, 기린은 동물원에 가야 만날 수 있잖아. 아프리카 초원을 뛰어다니던 사자가 좁은 동물원에 갇혀 살면 힘들지 않을까? 동물 입장에서 생각해 보면 많은 것이 달라 보일 거야.

그런데 언제부터 동물원이 생겼나 궁금해지네.

옛날, 왕과 귀족처럼 높은 자리에 있던 사람들은 힘과 경제력을 드러내고 싶어서 평범한 사람들과 다른 독특한 취미를 갖고 싶어 했어. 그런 취미 중 하나가 동물을 가두어 놓고 구경하는 것이었지.

기원전 1300년경, 최초로 이집트에 동물원이 생겼어. 기원전 700년경 서남아시아에 있던 아시리아 제국에도 왕궁 안에 동물원이 있었지. 중국에서는 기원전 1150년경 은나라 왕후 달기가 사슴을 구경하려고

'사슴의 집'을 만들었고, 이후 100여 년이 흘러 주나라 문왕 때는 엄청 큰 규모의 '영유'라는 동물원을 지었어. 영유란, 포유 동물들이 노는 동산이라는 뜻이야.

서양에서도 로마 황제는 동물을 좋아해서 콜로세움이라는 원형 경기장에서 동물끼리 혹은 동물과 검투사가 싸우는 경기를 즐겼어. 모두 누군가 죽어야 끝나는 경기였어. 생각만 해도 끔찍하고 동물들이 안쓰러워.

요즘 같은 형태의 동물원은 1752년에 오스트리아 쇤브룬 궁전에 생긴 쇤부룬 동물원이 그 시초야. 처음에는 황실 사람들만 이용했지만 1765년부터는 모든 사람이 구경할 수 있었지.

1828년에 개장한 영국의 런던 동물원은 왕이 아닌 동물학협회가 운영해. 동물원이 동물을 구경하는 곳이 아니라 동물을 연구하고 보호하는 곳이 된 거야. 동물원을 영어로 'Zoo'라고 하잖아. 런던 동물원을 뜻하는 'Zoological garden'에서 유래했지.

우리나라 최초의 동물원은 1909년 11월 1일에 문을 연 창경원 동물원이야. 일제 강점기 때 왕이 살던 창경궁을 창경원으로 바꾸어 공원으로 개방했고, 동물을 들여왔어. 조선 왕조를 얕잡아 보았던 거지. 지금도 창경궁을 창경원으로 부르는 사람들이 있는데 그러면 꼭 창경궁이라고 고쳐 말해 줘.

이후 1982년부터 1986년까지 창경궁 복원 사업을 시작하면서 그곳에 있던 동물을 과천 서울대공원으로 옮겼어. 서울대공원 동물원은 넓은 야외 방사장이 있어.

1976년 문을 연 용인 자연농원(현재 에버랜드)도 빼놓을 수 없어. 국내 최초이자 아시아 최초로 차를 타고 다니며 맹수를 구경할 수 있는 사파리를 도입했지.

이제 동물원은 동물 복지를 실현하는 공간으로 점점 변해 가고 있어. 미국 우드랜드 파크 동물원이 대표적인데, 1976년부터 동물원을 기후에 따라 툰드라, 타이가, 산악 지대, 열대 강우림 등의 지역으로 나누었어. 캐나다의 토론토 동물원은 동물원 안에 초지, 숲, 언덕 등을 조성해 동물이 습성대로 살아갈 수 있는 여건을 마련했지.

앞으로 동물원은 멸종 위기 동물을 보전해 다시 자연으로 보내는 중요한 일을 해야 할 때야. 동물원이 생명의 소중함을 깨닫게 도와주는 공간이 되면 좋겠어.

더 똑똑!

인간 동물원

동물 대신 사람을 구경하는 인간 동물원도 있었어. 1870년대 중반 독일의 하겐베크 동물원에서는 세계 각지에서 다양한 원주민을 데려와 전시했어. 1889년 파리만국박람회에서도 식민지 원주민을 전시했지. 추운 겨울에 옷도 입히지 않아서 원주민이 많이 얼어 죽었다고 해. 듣기만 해도 너무 슬프고 끔찍하지. 다행히도 1958년 이후 인간 동물원은 없어졌어.

더워?

도서관에서
북캉스나 할까?

무더운 여름 오후, 엄마가 전기세를 아낀다며 에어컨을 껐다고? 곧 집이 찜질방처럼 될 거야. 이때 가면 좋은 곳을 알려 줄게. 바로 집 근처에 있는 도서관이야.

도서관은 범생이들이 책 보러 가는 곳 아니냐고? 노~, 노~!

에어컨 바람이 시원한 도서관에서는 영화도 볼 수 있고, 컴퓨터로 인터넷도 할 수 있어. 물론 모두 공짜야. 도서관에서 피서(바캉스)를 한다고 해서 북캉스라는 말도 있잖아. 빨리 가까운 도서관으로 뛰어!

잠깐! 그 전에 도서관에 대해 알고 가면 더 좋겠지?

아주 오래전 글자가 생기면서 사람들은 기록을 시작했어. 최초의 문자는 기원전 3000년경 점토판에 새긴 설형문자야. 종이가 없었던 아주 오랜 옛날에는 점토판 말고도 파피루스라는 식물의 줄기, 동물의 가죽, 거북의 등껍질 등을 이용하기도 했어.

종이가 발명되기 전까지는 대나무를 가장 많이 사용했어. 대나무를 쪼개어 그 위에 기록한 뒤, 묶어서 보관했지. 이를 죽간이라고 불러. 한자로 책冊이라는 글자를 보면 죽간을 세운 모양이잖아.

책의 역사가 이렇게 오래되었다면 책을 보관하는 장소인 도서관의 역사 또한 만만치 않을 거야.

메소포타미아 문명이 시작된 바빌로니아에서 설형문자를 새긴 점토판을 모아 둔 곳이 발견되었어. 최초의 도서관이라고 할 수 있겠지? 특히 기원전 3세기경 이집트에 세워진 알렉산드리아 도서관이 가장 유명해. 그 당시에 책이 70만 권이었다고 하니 지금 생각해도 그 규모가 상당해.

중국의 도서관 역사를 살펴보면 기원전 1100년경 주나라에 도서를 모아 둔 곳이 있었어. 유명한 학자 노자가 그곳에서 일했는데 지금의 사서와 비슷한 역할이었을 거야.

시간이 흘러 중세 유럽에서는 도서관이 주로 수도원 안에 생겨. 성직자들이 성경을 읽고 연구하며 책을 필사해서 보관했거든. 당시에는 글자를 모르는 사람이 많아 책을 읽지 않았지. 책을 읽고 싶어도 도서관이 수도원에 있어서 쉽게 갈 수 없었을 거야.

1400년대 중반 구텐베르크가 금속활자를 발명하면서 인쇄술에 혁신이 일어나 대중들도 책을 쉽게 볼 수 있게 되었어. 덕분에 성경이 널리 보급되어 종교 개혁이 일어났지. 금속활자 발명 이전에는 성경 한 권을 만들려면 한 자 한 자 옮겨 적어야 해서 몇십 년이 걸렸거든. 그래서 금속활자를 인류 역사 최고의 발명이라고 평가하기도 해.

이후 책이 많아지면서 본격적으로 공공 도서관이 생겨. 대표적인 곳이 프랑스국립도서관이야. 루이 11세가 만든 왕실도서관이 1700년대 말 국립도서관으로 명칭을 바꾼 거야.

1850년 영국에서 공공 도서관법이 통과되면서 무료 공공 도서관이 생겼어. 미국에서는 1800년도에 워싱턴에 문을 연 의회도서관이 국립중앙도서관 역할을 하고 있어. 현재 세계에서 가장 많은 책을 보유한 도서관으로 유명하지. 구텐베르크의 성서를 비롯해 아주 오래된 신문까지 보관하고 있어서 많은 사람들이 찾고 있어.

우리나라의 도서관 역사도 살펴볼까? 고구려 소수림왕 때 지금의 대학과 같은 태학을 만들고 책을 보관하는 도서관을 만들었어. 신라 때도 궁궐 안에 왕실 문고가 있었다는 기록이 있어.

고려 시대에는 왕실에서 직접 책을 보관하고 철저히 관리했어. 고려 시대 하면 가장 대표적인 것이 금속활자 인쇄야. 독일의 구텐베르크보다 금속활자 인쇄가 무려 200여 년이나 빨랐어.

조선 시대 도서관인 집현전을 모르는 사람이 없을 거야. 한글 창제를 주도한 곳이 집현전이잖아. 1420년에 세종 대왕이 왕실 연구 기관으로 집현전을 확대 설치해. 학자들이 왕의 전폭적인 지원을 받으며 공부했으니 책이 어마어마하게 많았겠지?

이후 규장각으로 그 전통이 이어져. 규장각은 1776년에 정조가 만든 왕실도서관으로 여러 자료를 관리했어. 규장각에서 일했던 검서관 중에는 이덕무, 박제가 등이 있는데 조선 후기 실학 발전에 크게 기여했지.

근대로 들어서면서 도서관이 본격적으로 문을 열어. 1901년에 설립된 부산독서구락부는 공공 도서관의 시작이라고 할 수 있어. 현재 부산광역시립시민도서관으로 그 역사가 이어지고 있지. 한국 최초의 사립 도서관은 1906년 평양에 설립된 대동서관이야.

국립중앙도서관도 빼놓을 수 없는데 그 시작은 일제 강점기인 1923

년, 서울 명동 근처에 문을 연 조선총독부도서관이야. 1945년 광복 이후 국립도서관으로 이름을 바꾸었다가 1963년에 국립중앙도서관이 되었어.

그 나라의 역량은 도서관을 보면 알 수 있다고 할 정도로 중요성이 커지고 있어. 우리나라에는 2019년 1월 기준 공공 도서관이 1096곳이고, 작은 도서관이 약 6700곳이 있어. 앞으로 더 늘어날 테니 북캉스 할 곳은 어디든 있는 셈이지!

더 똑똑!

조선 시대 최고의 도서 『조선왕조실록』

『조선왕조실록』은 국보 제151호이며, 유네스코가 지정한 세계기록유산이야. 조선 시대 태조에서 철종까지 각 왕들의 정치 내용은 물론 서민들의 생활상 등 방대한 양의 정보가 담겨 있고, 금속활자로 찍어 그 가치가 더 크지.

실록을 보관한 사고는 서울 춘추관, 충주, 성주, 전주에 있었는데, 3년에 한 번씩 책을 모두 꺼내 말려 곰팡이가 슬지 않도록 정성을 다해 살폈어.

그러던 중 임진왜란이 터졌고, 전주 사고를 제외하고는 모두 불타 버렸어. 전주 사고의 실록은 선비들이 집안의 종 수십 명과 함께 깊은 산속으로 옮긴 덕분에 지킬 수 있었지. 임진왜란이 끝나고 실록을 다시 인쇄해서 서울 춘추관, 묘향산, 태백산, 오대산, 마니산 사고에 보관했어.

해외여행을 갈 때는 비행기 타기 전, 공항에서 가장 가슴이 두근거리지 않아? 창밖으로 비행기를 보면서 그 나라는 어떤 모습일지 상상하는 재미가 쏠쏠하잖아. 요즘에는 해외여행 가는 기분을 내고 싶어서 공항으로 놀러 가는 사람도 많아.

공항은 영어로 airport인데 port는 배가 떠나는 항구를 말해. 그렇다면 공항은 비행기가 떠나는 항구라는 뜻이겠지?

두근두근 설렘의 상징인 공항은 언제 생겼을까?

　공항은 사람을 태우는 여객기와 화물을 운반하는 화물기가 이륙과 착륙을 하는 비행장을 뜻해. 승객들이 비행기를 타고 내리는 터미널과 비행기가 뜨고 내리는 활주로, 비행기에 연료를 넣는 급유 시설, 항공기를 정비, 점검하는 격납고를 모두 포함하지. 외국으로 나가는 비행기가 드나드는 국제공항은 세관 등 출입국 관리 기능도 있어.

　공항에 가면 우뚝 솟은 건물이 있는데 바로 관제탑이야. 공항으로 접근하는 비행기와 통신을 주고받는 곳이지. 관제탑의 신호가 있어야 비행기가 착륙하거나 이륙할 수 있어. 그 신호를 무시하면 비행기끼리 충돌해 큰 사고가 나겠지?

　세계 최초의 공항은 1909년 라이트 형제가 설립한 미국 메릴랜드주에 있는 칼리지파크 공항이야. 라이트 형제, 많이들 들어 봤지? 1903년에 최초로 동력 비행기를 조종하여 비행에 성공했잖아.

우리나라에는 언제 처음 공항이 생겼을까?

1910년부터 서울 용산의 육군 연병장을 비행장으로 사용했어. 정식 비행장은 1916년에 현재 여의도공원 자리에 생겼지. 그때는 활주로와 격납고만 있었고, 여의도비행장으로 불렸어. 이곳에서 세계적인 곡예 비행사 아트 스미스가 곡예 비행을 했고, 우리나라 최초의 비행사 안창남이 시험 비행을 선보였어.

이후 1942년에 경기도의 김포비행장, 부산의 수영비행장, 제주의 제주비행장 등이 육군 비행장으로 문을 열었어.

해방 이후 1953년에는 여의도비행장이 국제공항으로 승격되어 여의도국제공항으로 이름이 바뀌어. 그런데 한강이 범람해 1958년에 지금의 김포공항으로 옮겼어.

그 후 김포국제공항이 우리나라에서 가장 크고 중요한 공항 역할을 하다가 2001년 인천국제공항이 개항하면서 국제선이 옮겨 가지. 물론 김포공항에도 국제선이 있지만 많지는 않고 국내선 위주로 운항하고 있어.

2018년 기준, 인천국제공항을 이용하는 국제 여객 수는 세계 5위라고 해. 코로나19가 대유행하기 전인 2019년 3월만 해도 국내외 83개 항공사가 전 세계 54개국 175개 도시를 취항했으며, 하루 평균 이착륙은 1100여 편에 달했어. 특히 영국의 항공 평가 기관 스카이트랙스가 선정한 세계 주요 공항 순위에서 3위를 기록했어. 참고로 1위는 싱가포르의 창이 공항, 2위는 일본의 하네다 공항이지.

현재 우리나라에는 8개의 국제공항과 7개의 국내선 공항이 있어. 국제공항은 인천, 김포, 제주, 김해, 청주, 대구, 양양, 무안에 있고, 국내선 공항은 군산, 여수, 포항, 울산, 원주, 사천, 광주에 있어. 저렴한 비용으로 비행기를 운항하는 저가 항공사가 많이 생기면서 여러 지역 공항들이 활성화되고 있지.

2019년 기준, 영국 항공운항 정보업체인 OAG가 세계 항공노선 운항편수를 조사했는데, 제주~김포 노선이 1위였어. 2위는 멜버른~시드니였고, 3위는 뭄바이~델리였지.

제주에 얼마나 많은 사람이 오고 가는지 알겠지?

세계의 공항 이름

공항 이름을 지을 때는 대부분 지역을 기준으로 짓지만 유명인의 이름을 따서 짓기도 해.

대표적으로 대통령의 이름을 딴 파리의 샤를드골 국제공항, 미국의 존에프케네디 국제공항, 예술가의 이름을 딴 이탈리아의 레오나르도다빈치 국제공항이 있지. 우리나라도 인천국제공항을 세종 대왕의 이름을 따서 지으려고 했지만 외국인들에게 인지도가 낮은 데다 지역 대표성이 없어 결국 인천국제공항이 되었어.

꼬마였을 때, 꿈이 뭐였어? 난 동네 슈퍼 주인이 꿈이었어. 매일같이 아이스크림과 과자를 맘껏 먹을 수 있잖아.

10년 전만 하더라도 슈퍼라고 부르는 작은 가게들이 골목마다 많았어. 그런데 그 자리를 지금은 편의점이 차지하고 있지. 이제 편의점 사장님 아들딸이어도 과자를 함부로 먹지 못할 거야. 과자 재고가 몇 개 있는지 컴퓨터로 확인할 수 있고, 곳곳에 감시 카메라가 있으니까.

그런데 작은 가게를 왜 슈퍼라고 부를까?

뭐? 슈퍼맨과 슈퍼우먼은 슈퍼 주인아저씨와 아줌마를 뜻하는 말인 줄 알았다고? 엉뚱하지만 창의적인 대답에 박수를 보내며, 슈퍼에 대해 알아보면서 그 답을 찾아보자.

슈퍼는 슈퍼마켓의 줄임말로 고기, 채소 등 식료품을 비롯해 생활용품과 소형 가전제품까지 파는 가게를 말해. 시장을 뜻하는 영어 단어 market에 엄청난, 대단하다는 뜻의 접두어 super가 붙어 만들어진 단어지. 사실 동네에 있는 구멍가게를 슈퍼마켓이라고 부르기에는 너무 작지?

요즘은 주말에 대형 마트에 가서 물건을 한 번에 많이들 사잖아. 대형 마트는 영어로 하이퍼마켓이라고 불러. 하이퍼는 슈퍼보다 훨씬 크다는 뜻이지.

슈퍼마켓은 언제 처음 생겼을까?

1930년대 미국에 경제 대공황이 닥쳤어. 경제가 어려워지면 회사가 문을 닫고, 직장인들이 일자리를 잃어서 돈을 벌 수 없어. 그러면 물건을 구입하지 않을 테고, 물건이 안 팔리면 기업들은 어려워서 직원을 해고해. 이런 상황을 경제 악순환이라고 하는데 경제 대공황 때 미국이 이렇게 된 거야.

그때 마이클 컬렌이라는 사람이 '킹 컬렌'이라는 세계 최초의 슈퍼마켓을 열었어. 공장에서 대량으로 싸게 물건을 구입해 와서 이윤을 약간만 남기고 팔았지. 경제가 어려울 때 물건값을 싸게 했더니 사람들이 몰려와서 장사가 잘된 거야. 경제 위기를 기회로 삼아 어려움을 극복한 거지.

몇 년 뒤 슈퍼마켓은 미국 전역으로 퍼져 나가. 1950년대 유럽에도 슈퍼마켓이 생겼고, 한국에는 1968년 서울 중림동에 뉴서울슈퍼마켓이 최초로 문을 열었어.

이번에는 대형 마트, 즉 하이퍼마켓에 대해 알아볼까?

하이퍼마켓은 대형 할인점과 슈퍼마켓의 장점을 합친 큰 규모의 마트로 많은 양의 다양한 물건과 식재료를 저렴하게 판매하고, 셀프 서비스로 이루어지지. 또한 넓은 주차장도 확보해야 해.

세계 최초의 하이퍼마켓은 1963년 프랑스 파리 근교에 문을 연 까르푸야. 까르푸의 뜻은 교차로야. 다섯 개의 도로가 만나는 곳에 자리 잡아서 그렇게 이름을 붙였겠지만, 많은 사람들이 찾는 교차로 같은 마트가 되겠다는 포부도 있지 않았을까?

1993년, 서울에 한국 최초의 대형 마트인 이마트가 들어섰어. 그 후 외국의 대형 마트 브랜드인 까르푸와 월마트도 생겼지만 금세 사라졌어. 실패한 이유가 여러 가지겠지만 첫 번째 이유는 물건을 올려놓는 선반이 한국 사람들의 키보다 높아서 물건 집기가 힘들었지.

두 번째 이유는 우리나라 사람들은 시장에 가면 가장 먼저 신선한 야채와 과일을 사잖아. 그런데 까르푸와 월마트는 서양 사람들의 입맛에 맞게 냉동된 고기와 생선을 더 많이 판매해 한국 사람들의 마음을 사로잡지 못했어.

사람들이 외국 브랜드 마트보다 우리나라 마트를 찾은 이유는 마트에 백화점 스타일을 더한 덕분이야. 외국 브랜드 마트에서 점원은 물건 정리만 할 뿐 거의 보이지 않는데, 우리나라 대형 마트에서는 생선이나 고기를 구입할 때 점원들이 친절하게 설명해 주었지.

이제 골목에 있던 작은 슈퍼가 사라진 자리에 문을 연 편의점에 대해 알아볼 차례야. 편의점 하니까 삼각김밥과 컵라면이 떠오른다고? 그만큼 편의점이 우리와 가깝다는 뜻이야.

편의점은 영어로 convenience store야. 편리하게 이용하는 가게라는 뜻이지. 그 시작은 1927년 미국 텍사스의 사우스랜드 제빙회사가 공장의 냉기를 이용해 신선한 식료품을 팔면서부터야. 특히 다른 가게들이 문을 닫는 밤이나 일요일에 장사를 해 손님이 많이 몰렸지. 그 후 다른 지역에 있는 창고와 공장에서도 물건을 팔면서 편의점이 시작되었어. 1946년부터 편의점 이름을 영업 시간인 '오전 7시부터 오후 11시'라는 의미에서 '세븐 일레븐'으로 정했어.

우리나라에는 언제 편의점이 들어왔을까?

1982년 서울 신당동에 문을 연 '롯데세븐 1호점'이 최초인데 편의점에 대한 사회적 인식 부족으로 2년 만에 문을 닫았어. 이후 1989년 세븐 일레븐 올림픽점이 생겼는데 놀랍게도 현재까지 영업 중이야. 100년이 지난 후에도 그 자리에 있다면 편의점의 역사 유적지로 지정되지 않을까?

우리나라에는 2021년 5월 기준 약 4만 6000곳의 편의점이 있어. 골목에 하나씩은 있는 셈이지. 특히 1인 가구가 늘어나면서 혼밥을 쉽게 해결할 수 있고, 소량으로 물건을 살 수 있는 편의점 매출이 늘고 있어.

일본은 편의점 천국이라고 불려. 공과금 수납부터 세탁소, 택배 발송 그리고 이제 헬스 클럽까지 운영한다고 하니 앞으로 사람들과 떨어질 수 없는 곳이 되지 않을까? 요즘은 점원 없이 운영되는 무인 편의점도 생기고 있어.

이제 슈퍼에는 슈퍼맨, 슈퍼우먼이 없다는 것을 알겠지? 어쩌면 매일 슈퍼에 가서 간식을 사는 여러분이 슈퍼맨, 슈퍼우먼일지도 몰라!

패스트푸드 가게에서 서두르면 체해

청소년들이 좋아하는 음식을 맞춰 볼게. 피자, 치킨, 햄버거, 떡볶이, 짜장면, 탕수육, 라면, 돈가스 맞지? 그 가운데 치킨은 1인 1닭, 피자는 1인 1판도 가능하지 않아? 어떻게 알았냐고? 어른들도 좋아하는 음식 이거든.

햄버거, 피자, 치킨 같은 음식을 패스트푸드라고 해. 주문하면 바로 나오는 음식이라서 그렇게 부르는 거야. 또 정크 푸드라고도 해. 정크는 영어로 쓰레기를 말하는데, 몸에 해로운 음식이라는 뜻이겠지? 사랑하는 음식을 욕해서 기분이 나쁘다고? 미안해. 하지만 건강을 생각해서 너무 자주 먹지는 말자고.

햄버거를 비롯한 패스트푸드의 시작은 맥도날드라고 할 수 있어. 맥도날드는 세계 거의 모든 나라에 수많은 매장이 있어.

맥도날드 형제는 1940년에 미국에서 아버지가 하던 식당을 물려받아 '맥도날드 바비큐'를 열었어. 당시 경제 대공황의 여파로 노동자들은 값싸게 먹을 수 있는 식당을 좋아했어. 맥도날드 형제는 15센트짜리 햄버거를 팔았고, 주문하면 30초 만에 나오도록 조리 공간을 분업화해서 운영했어. 또한 식당에 가면 음식값의 10퍼센트를 팁으로 주는데 맥도날드에서는 그럴 필요가 없었지. 그 후 1955년에 레이 크록이라는 사람이 맥도날드를 체인점으로 키워서 전 세계에 매장이 생겼어.

한국에서는 맥도날드가 1988년 서울 강남에 처음으로 문을 열었어. 그러나 최초의 패스트푸드 가게는 1979년 명동 롯데백화점에 입점한 롯데리아야.

햄버거의 역사만 살펴보면 치킨이 서운하겠지?

치킨 체인점으로는 KFC가 가장 유명해. 흰색 정장을 입고 지팡이를 든 할아버지가 문 앞에 서 있는 가게, 알지? 이 할아버지 이름은 커널 할랜드 샌더스야. 1952년에 켄터키 프라이드 치킨(Kentucky Fried Chicken)이라는 이름으로 미국에 첫 점포를 열었어. 1991년에 KFC로 정식 명칭이 바뀌었지. 자세한 이야기는 치킨 편에서 들려줄게. 기대해~!

2019년 기준, 우리나라 패스트푸드 매장 규모를 보면 롯데리아가 가장 많고, 2위 맘스터치, 3위 맥도날드, 4위 서브웨이, 5위 버거킹, 6위 KFC 순이야.

어른뿐 아니라 아이들도 학원에 다니느라 바빠. 패스트푸드 가게에서 서둘러 햄버거로 끼니를 해결하는 모습을 보면 짠한 마음이 드는 한편 씁쓸해.

요즘 패스트푸드와 반대로 전통적이고 다양한 식생활 문화를 추구하는 슬로 푸드가 인기야. 좋은 재료로 영양 성분을 갖춰서 정성을 다해 만든 음식이지. 사랑이 담긴 집밥이야말로 슬로 푸드가 아닐까? 혼자 먹든 누구와 함께 먹든 든든하게 잘 먹고 오늘도 열심히 보내자고!

더 똑똑!

북한에도 햄버거 가게가 있을까?

딩동댕! 2009년 북한의 수도 평양 시내 한복판에 햄버거와 와플을 맛볼 수 있는 속성음식쎈터 1호점이 문을 열었어.

가게 이름은 삼태성청량음료점. 햄버거는 '다진 소고기와 빵', 와플은 '구운 빵 지짐', 콜라와 비슷한 탄산음료를 '코코아 탄산단물'이라고 이름 지은 게 특이하고 재미있어.

북한표 햄버거와 콜라는 어떤 맛일까? 어서 통일이 되어 맛보고 싶어.

시원한 여름, 영화관만큼 더위를 식히기 좋은 곳은 없지! 공포 영화를 보면 몸이 서늘해지기까지 하니까. 이 때문인지 경제가 안 좋아서 여행을 가기 힘들 때 영화관에 많이 몰린다는 연구 결과도 있어.

영화관을 영어로는 시네마(cinema) 혹은 시어터(theater)라고 해. 예전에는 극장이라고도 많이 불렀지. 영화관은 영화만 보는 곳이고, 극장은 영화뿐 아니라 연극, 공연 등 다양한 행사를 하는 곳이야.

영화의 역사는 1890년대 미국의 에디슨이 영사기 키네토스코프를 발명하면서부터 시작됐어. 그러나 이것은 확대경으로 들여다보는 형태라 한 사람밖에 볼 수 없었지.

영화는 영화관에서 봐야 제맛!

1895년, 프랑스 파리의 한 카페에서 뤼미에르 형제가 시네마토그라프라는 영사기로 영화를 상영했어. 그 기계는 촬영과 영사를 함께할 수 있고, 들고 다닐 수 있어서 편리했지. 또한 많은 사람들이 함께 볼 수 있어서 최초의 영화라고 해.

　　1905년, 미국 피츠버그에 단편 영화를 보여 주는 5센트 극장이 문을 열었어. 반응이 좋아서 미국의 다른 지역을 비롯해 캐나다에도 5센트 극장이 많이 생겼어.

　　이후 영화를 보고 싶어 하는 사람들이 점점 많아지면서 고급스럽고 규모가 큰 영화 전용관들이 생겨났어. 미국 뉴욕에는 2000석 규모의 리젠시 극장을 비롯해 3000석이 넘는 스트랜드 극장이 연이어 문을 열었지. 1927년에는 뉴욕에 일명 영화 대성당이라 불리는 록시 극장이 생겼어. 5920석이나 되는 대규모 극장이었지.

이제 영화관의 종류를 살펴볼까?

영화를 보는 화면을 스크린이라고 하는데, 스크린이 하나뿐인 영화관을 단관 극장이라고 해. 요즘에는 세계적으로 5개 이상의 스크린이 있는 멀티플렉스가 많아. 스크린이 13개 이상이면 메가플렉스라고 하지. 또 자동차에 앉아 영화를 보는 자동차 극장도 있어.

우리나라의 영화 역사도 알아봐야겠지?

우리나라에 영화가 언제 처음 들어왔는지는 정확하지 않아. 다만 시네마토그라프가 1896년에 중국 상해를 거쳐 이듬해에는 일본에 전해졌고, 그즈음 조선에도 들어왔다고 해. 1901년, 미국의 여행가이자 영화 제작자인 버튼 홈즈가 황실에서 영화를 상영했다는 기록이 있는데, 그때는 영화를 활동 사진이라고 불렀지.

국내 최초의 영화관은 1898년에 문을 연 동대문활동사진소야. 일요일과 비 오는 날을 빼고 매일 영화가 상영되었어. 얼마나 인기가 좋았던지 매일 1000명이 넘는 사람이 왔고 의자도 제대로 없어서 바닥에 앉아 영화를 관람했어. 훗날 이름이 광무대로 바뀌면서 영화뿐만 아니라 각종 행사를 하는 장소가 되었어.

1907년, 종로에 단성사가 문을 열었어. 단성사는 한국 최초의 극영화인 〈의리적 구토〉를 상영했던 곳이라 영화 역사에 있어서 매우 중요한 곳이야.

그 당시 영화는 소리 없이 영상만 나오는 무성 영화여서 대사나 내용을 설명해 주는 변사가 있었어. 극장마다 인기 변사를 모셔 가려고 경쟁이 대단했지.

해방 이후, 영화관이 계속 생겼는데 대부분 단관 극장이었어. 그러다가 1989년 서울 종로에 서울극장이 상영관을 3개로 늘려 국내 최초로 멀티플렉스 시대를 열어. 1998년에는 11개 상영관을 갖춘 CGV 강변점이 문을 열었지.

영화관이 대형화되면서 대도시에만 생겨 지방에 사는 사람들, 특히 도시에 가기 힘든 어르신들은 영화를 보기 힘들게 되었어. 이런 현상을 문화 소외라고 하는데 어떻게 해결하면 좋을까?

문화체육관광부와 지방 자치 단체의 노력으로 농촌 지역에 1관 또는 2관이 있는 작은 영화관이 생기고 있어. 2010년 전북 장수군에 있는 한누리시네마가 첫 작은 영화관인데, 멀티플렉스보다 입장료가 저렴하고, 개봉 시기도 맞춰서 상영하지.

요즘은 대형 텔레비전으로 집에서 영화를 보거나, 컴퓨터로 영상을 다운로드 받아서 보기도 해. 그렇지만 역시 영화는 대형 스크린으로 팝콘을 먹으면서 봐야 제맛이지 않아?

2020년 세계가 주목하는 미국 아카데미 시상식에서 우리나라 봉준호 감독과 멋진 배우들이 만든 영화 〈기생충〉이 4개 부문에서 수상했어. 지금 벌떡 일어나서 천둥 소리보다 큰 박수를 보내자. 짝짝짝!!!

앞으로 더 좋은 영화를 만들 수 있도록 한국 영화를 사랑하자고. 그런 의미에서 영화를 불법 다운로드 받아서 보는 행동은 하지 말자. 영화인들이 무척 슬퍼할 거야.

식혜와 맥반석 달걀은 어디서 먹어야 가장 맛있을까? 어디서든 계란 한 판을 먹을 수 있다고? 체할 수 있으니 꼭 식혜와 함께 먹도록!

힌트를 줄게. 영화관에서는 콜라와 팝콘을 먹는다면, 이곳에서는 식혜와 달걀을 꼭 먹어야 해. 맞아, 찜질방이야. 또 하나 잊으면 안 되는 것이 있어. 수건으로 양머리를 하는 센스!

어떤 찜질방은 4층짜리 큰 건물 안에 사우나를
비롯해 다양한 콘셉트의 찜질방, 영화관, 수영장, 노래
방, 피시방, 식당, 치킨집까지 있어서 한번 들어가면 24시
간이 부족할 만큼 즐길거리와 먹을거리가 많아. 넓은 홀에서
는 노래자랑도 열려서 운이 좋으면 상품도 챙길 수 있어.
　　이제 우리나라 찜질방은 외국 관광객들이 꼭 찾는 관광 명소가
되었어. 그런데 낯선 사람들과 거리낌 없이 드러누워 잠을 자는 모
습에 충격을 받기도 한대. 이런 걸 문화 충격이라고 하지.

동서양을 안 가리고 인기 만점인 찜질방은 언제 처음 생겼을까?

통일신라 시대에 뜨겁게 달궈진 돌에 물을 뿌려 증기를 내어 찜질을 즐겼다고 해. 조선 시대에는 백성들을 위해 한증소를 만들었어. 불을 때어 뜨겁게 달아오른 막에 앉아 땀을 내는 한증을 치료법에 사용했고, 많은 백성들이 이곳을 찾았어. 10분 내외로 한증막을 드나들며 땀을 뺐는데 지금의 찜질방과 비슷하지? 한증소는 무료였고, 스님들이 관리했어.

찜질을 하면 피의 순환이 좋아지고 몸에 쌓인 노폐물이 빠져나와 건강에 좋아. 그렇다고 매일 하지는 마. 뭐든지 과하면 몸에 안 좋으니까.

다른 나라에도 찜질과 비슷한 것이 있는데, 일본에는 온천, 서양에는 사우나가 있어.

요즘과 같은 형태의 찜질방은 1994년 부산에 처음으로 문을 열었고, 인기가 있어서 전국으로 퍼져 나갔어. 요즘은 몽골, 미국 등 한국인이 많은 곳에도 찜질방이 있어.

구운 달걀, 식혜, 냉커피, 미역국 등은 찜질방에서 만날 수 있는 대표 음식이야. 목이 마를 때 탄산음료 대신 식혜를 마셔 봐. 식혜는 갈증을 없애고, 수분도 채워 줘서 일석이조야! 달걀은 단백질이 풍부해 허기졌을 때 먹으면 좋지. 미역국은 철분과 미네랄이 많아서 땀을 많이 흘리고 먹으면 최고야.

찜질방의 온도는 40~80℃, 건식 사우나는 70~100℃, 한증막은 70~130℃ 정도야. 여기서 과학 상식 퀴즈를 하나 낼게.

사람들은 온도가 70~100℃에 이르는 불가

마에서 어떻게 버틸 수 있는 걸까?

아는 체 좀 할게. 정답은 땀이 증발하기 때문이야. 만약 찜질방이 공기가 아닌 물로 채워졌다면 찜통에 있는 만두처럼 익어 버렸을 거야. 다행히 땀이 증발되면서 열을 흡수하기 때문에 체온을 유지하여 덜 뜨겁게 느껴지지.

찜질로 땀을 내는 것도 좋지만 운동을 해서 땀을 흘리는 게 더 좋다는 사실을 명심하자고~!

맥반석 달걀은 왜 갈색일까?

다들 찜질방에서 맥반석 달걀을 한 번쯤은 먹어 봤지? 그런데 맥반석 달걀은 간장에 조린 것처럼 왜 갈색일까?

달걀을 삶지 않고 맥반석 위에서 구웠기 때문이야. 180℃나 되는 높은 온도에서 물 없이 익히면 달걀흰자에 있는 포도당이 아미노신과 반응해 갈색으로 변하지.

갑자기 찜질방에서 땀을 뺀 후 식혜에 맥반석 달걀을 먹고 싶다고? 나도 같은 마음이야.

동네에 은행이 없다고?

용돈을 아껴 쓰고 남은 돈은 어떻게 해? 돈이 남기는커녕 모자라서 더 올려 달라고 단식 투쟁을 해야겠다고? 그보다 부모님을 도와 설거지나 청소를 해서 용돈을 벌면 어떨까? 용돈을 쓰고 남은 돈은 저축도 하고. 뭐? 통장이 없다고? 그러면 우선 통장부터 만들자~!

땀 흘려서 번 돈을 저축했는데, 은행이 망하면 어떻게 되냐고? 좋은 질문이야. 은행에 대해서 알아보면 쉽게 답을 얻을 수 있어.

먼저 은행(銀行)의 뜻부터 살펴볼게.

옛날 중국에서는 물건을 사고팔거나 세금을 낼 때 은을 사용했으며, 장사를 하는 거리 또는 구역을 '行'이라고 불렀어. 行은 '다닐 행'과 '줄 항'으로 읽을 수 있는데, 은행의 경우 '항'으로 읽어야 할 것을 은행으로 잘못 쓰이다 굳어진 거지.

은행은 고객들이 저축한 돈을 안전하게 보관하고, 그 돈을 다른 사람이나 기업에 빌려준 대가로 이자를 받아. 그렇게 번 돈으로 저축한 고객들에게 약속한 이자를 주지.

그런데 은행은 언제부터 생겼을까?

고대 메소포타미아 지역에서 발견된 점토판에 돈을 빌려줬다는 기록이 있어. 점토판은 차용증 혹은 대출 증명서와 비슷한 역할을 했는데, 왕궁이나 사원에서 발행했지. 특히 사원들이 은행 역할을 많이 했어. 신을 모시는 곳이니 안전할 거라 생각했나 봐.

지금과 같은 은행의 형태는 14세기에 이탈리아에서 생겼어. 그 당시 이탈리아는 무역의 중심지였지. 무역을 하려면 위험성이 커서 전문적으로 투자하고 관리하는 기관이 필요해. 외국으로 가는 배가 풍랑을 만나 부서지기라도 하면 투자한 돈을 모두 날릴 수 있거든. 그러다 보니 베네치아나 피렌체 같은 무역 도시에 은행이 생겨났지.

또한 다른 나라에서 들어온 돈이나 물건의 가치가 달라 중간에서 확인하는 사람, 즉 환전상들도 등장했어. 그 당시 환전상들은 의자에 앉아서 일했는데 이탈리아어로 의자가 방카(banca)야. 방카에서 은행을 뜻하는 영어 단어 뱅크(bank)가 생겨났어.

이번에는 은행의 종류를 살펴볼까?

은행은 일반 은행과 중앙은행 두 가지로 나눌 수 있어. 사람들은 일반 은행에서 통장을 만들어 저축하거나 돈이 부족하면 대출을 받기도 하지. 중앙은행은 국가에서 설립한 은행으로 일반 사람들은 중앙은행에 가서 저축을 하거나 돈을 빌릴 수 없어. 중앙은행은 화폐를 발행하고, 금리를 조절하며, 시중 은행에 돈을 빌려주기도 해서 은행의 은행이라고 해. 만약 돈을 시중 은행에서 각각 발행한다면 종류가 제각각이라 불편하고, 그 가운데 한 은행이 갑자기 망하기라도 하면 그 돈은 더 이상 가치가 없어 종이 쪼가리에 불과할 거야. 그래서 중앙은행에서 돈을 독점적으로 발행해 화폐 가치를 지키는 거야.

우리나라 최초의 은행은 1897년에 설립된 한성은행이야. 이후에 조흥은행으로 바뀌었다가 지금의 신한은행이 되었어.

우리나라에서 돈을 발행하는 중앙은행은 어디일까? 당연히 한국은행이지! 1909년에 설립되었는데 일제 강점기 때 국권을 빼앗겨 조선은행이 그 일을 대신하다가 해방 후 다시 자리를 찾았어.

요즘은 스마트폰으로 은행 업무를 할 수 있어서 은행에 갈 일이 많이 줄었어. 고객이 적게 찾으니 건물 1층에 있던 은행이 임대료가 좀 더 저렴한 2층으로 옮기기도 하고, 종이 통장도 점차 사라지고 있지.

앞으로 은행이 어떻게 변화할지 궁금해지네. 하지만 저축하는 습관은 변치 말자고!

아차, 저축했다가 은행이 망하면 어떻게 되냐고 질문했지?

5000만 원 이하 저축은 국가에서 보장해 주니까 은행이 망해도 걱정 없어. 그러니까 마음 푹 놓고 저축 많이 해~.

더울 땐 해수욕장

추울 땐 수영장

수영할 때 수영장과 해수욕장 중에서 어디가 더 좋아? 해수욕장은 피부가 검게 타서 수영장이 좋다고? 소독약 냄새도 없고, 음식도 먹을 수 있어서 해수욕장이 더 좋다고? 하하, 어디든 좋으니 매일 갔으면 좋겠다~!

하와이나 괌 같은 무더운 곳에서는 사계절 어느 때나 바다에서 수영할 수 있지만, 우리나라의 해수욕장은 날씨 때문에 여름에만 수영할 수 있어.

그런데 바닷가라고 해서 모두 해수욕장이 될 수는 없어. 모래나 고운 자갈이 넓게 펼쳐져 있고, 물이 너무 깊지 않아야 해. 그리고 무엇보다 물이 깨끗해야겠지? 악취를 맡으며 수영할 수는 없잖아. 그건 지옥 체험 훈련이야!

해수욕장은 모래 해변, 즉 사빈에 생겨. 사빈은 하천이 바다로 흘러가면서 운반해 온 모래가 쌓여 만들어져. 특히 강원도에 해수욕장이 많은데 남대천, 연곡천 물에 함께 쓸려 온 모래 덕분이야. 해수욕장에 갈 때마다 자연에 감사해야겠지?

옛날 벽화 그림을 보면 사람들이 수영하는 모습을 쉽게 볼 수 있어. 고대 페르시아에서는 군사 훈련을 목적으로 수영을 가르쳤어. 차츰 수영의 좋은 점이 알려져 운동 및 여가를 목적으로 일반인들이 많이 배우면서 대중 스포츠가 되었지. 그러면서 안전하게 수영할 수 있는 바닷가에 해수욕장이 생기기 시작해.

1913년, 우리나라 최초로 부산에 송도해수욕장이 문을 열었지. 2019년 기준으로 여름이면 우리나라에 270여 개의 해수욕장이 문을 연다고 해. 이 많은 해수욕장 가운데 사람들이 가장 많이 찾는 해수욕장은 어디일까? 1위는 해운대, 2위는 대천, 3위는 광안리, 4위는 송도해수욕장이야.

이번에는 해수욕장만큼 많이 찾는 수영장에 대해 알아보자.

수영장은 계절에 상관없이 언제든 갈 수 있다는 장점이 있지. 요즘은 수영장에 여러 가지 놀이 시설을 갖춘 워터 파크가 인기잖아.

지금까지 알려진 세계 최초의 수영장은 파키스탄에 있었던 기원전 3000년경에 만들어진 모헨조다로의 대형 욕조야. 길이가 12m, 폭이 7m나 되었으니 꽤 크지?

기원전 4세기 무렵 스리랑카에는 쿠탐 포쿠나라고 하는 수영장이 있었어. 물을 깨끗하게 하는 시설까지 갖춰 지금의 수영장과 비슷해.

시간이 흘러 1800년대 중반, 영국 런던에 실내 수영장이 생기면서 수영이 큰 인기를 끌었어. 그러다가 1896년 올림픽 경기대회가 시작되면서부터 정식 종목으로 채택되어 많은 사람들이 즐기는 운동이 되었지.

20세기에 들어 집에 수영장을 만들기 시작했어. 1920년대 미국에는 카누를 띄울 정도의 큰 개인 수영장도 있었다고 하는데, 그렇다면 집은 얼마나 컸을지 상상이 안 되네!

우리나라에는 언제 수영장이 생겼을까?

한국 최초의 공인 수영장은 1936년에 문을 연 서울운동장수영장이야. 그 후 서울운동장은 동대문운동장으로 이름이 바뀌었다가 지금은 사라졌고, 그 자리에 동대문역사문화공원이 생겼어.

한국 최초의 실내 수영장은 1963년에 서울 워커힐호텔에 생겼어. 이후 1967년 서울 종로구에 YMCA실내수영장이, 1970년 서울 태릉에 국제 수영장이 생겨. 1980년에는 국제 규모의 설비를 갖춘 잠실실내수영장이 개장했어.

이제는 생존 수영이 필수인 시대가 되었어. 위기 상황에서 스스로 자신을 지킬 수 있어야 하니까. 수영은 건강도 챙기고, 더위도 식히고, 쏠쏠한 재미까지 얻는 일석삼조 운동이 아닐까? 끝나면 허기져서 매점에서 맛있는 것도 먹을 수 있으니 일석사조라고?

더 똑똑!

수영장과 해수욕장 중 어디에서 몸이 더 잘 뜰까?
정답은 염분이 있는 해수욕장이야. 그래서 다른 바다보다 염분 농도가 6배나 높은 이스라엘의 사해에서는 물 위에 누운 채 책도 읽을 수 있어. 수영하면서까지 책을 봐서 충격받았다고? 난 지덕체(지식, 덕, 체력)를 한 번에 키우는 좋은 방법이라고 생각하는데……

2. 익숙한 음식의 역사

여사친, 남사친 중에서 특히 관심 가는 친구한테 수행평가를 같이 하자고 문자를 보낸 적 있니? 인기 폭발이라 늘 먼저 연락이 와서 그런 적 없다고? 그 인기가 부럽다, 부러워!

그렇다면 그런 연락을 못 받는 평범한 94퍼센트의 친구들 입장에서 이야기할게. 답 문자를 기다리는 동안 심장이 튀어나올 것처럼 두근거리잖아. 그때 휴대전화가 진동을 하는 거야. 마른침을 삼키면서 문자를 읽었지.

묻지도 따지지도 않고 보험 가입! 지금 당장, 롸잇 나우!

광고 문자에 짜증이 에베레스트산 꼭대기만큼 끓어오를 때 있지? 이럴 때 어른들은 스팸 문자라고 욕하면서 바로 삭제하잖아.

그런데 광고 문자를 왜 스팸이라고 할까? 우리가 자주 먹는 햄, 스팸과 관련이 있는 걸까? 궁금하다면 갓 구운 짭짤한 스팸을 뜨거운 김이 올라오는 밥과 함께 먹으며 역사 속으로 들어가 보자!

햄은 돼지고기 넓적다리 살을 소금에 절여 연기에 익힌 가공식품을 말해. 이렇게 만든 햄을 수제 햄이라고 하지.

넓적다리로 햄을 만들면 어깨 살이 남는데 뼈를 발라내기 어렵고, 맛도 없어서 버리던 부위였어. 그렇지만 먹는 걸 버리다니 아깝잖아. 햄을 만들고 남은 부위를 어떻게 할까 고민하던 미국의 호멜식품에서 어깨 살을 갈아 다진 후 햄과 소금, 전분을 섞어 통조림을 만들어 스팸(spam)이라는 이름으로 1937년에 출시했어. 스팸은 'shoulder of pork and ham'을 줄인 말인데, 돼지고기 어깨 살과 햄으로 만들었다는 뜻이지.

수제 햄보다 값이 싼 스팸은 형편이 어려운 사람들에게 인기를 끌었어. 특히 제2차 세계대전 때 전 세계적으로 엄청나게 많이 팔려. 전쟁이라 먹을거리가 부족한 데다가 조리하기 편하고, 캔이라 오랫동안 보관할 수 있어서였지. 당시 미국은 물자 수입이 어려워진 영국에 스팸을 대량으로 공급했고, 그 덕에 영국은 '스팸랜드'라는 별명이 붙었어.

전쟁이 끝나고 경제가 회복되어 먹을거리가 풍부해지면서 찬밥 신세가 되고 만 우리의 스팸! 그때부터 영국 사람들은 불필요한 것을 스팸이라고 부르기 시작했어. 그런 말을 들을 때마다 스팸은 얼마나 억울할까? 먹을거리가 없을 때는 그토록 좋아하다가 이제는 필요 없다고 욕을 먹어야 하다니! 눈치 빠른 친구들은 쓸데없는 광고 문자와 이메일을 왜 스팸이라고 부르는지 알아챘지?

우리나라에서 스팸은 명절 선물로 인기가 많아. 외국인들은 우리나라 사람들이 전통 명절에 한국 고유 문화와는 전혀 상관없는 스팸 세트를 선물로 주고받아 신기해하지.

어떻게 하다가 스팸이 명절 선물이 된 걸까?

6·25 전쟁 이후 미군이 한국에 주둔하면서 스팸도 함께 들어왔어. 고기를 먹기 어려운 시절이라 미군 부대에서 나온 스팸을 부잣집에서 많이 사 갔고 그러다 보니 스팸이 고급 선물로 여겨졌던 거야.

음식의 역사를 살펴보면 전쟁 중에 다른 나라에 전해지는 경우가 많아. 한국에 부대찌개가 있다면 미군 부대가 있는 일본의 경우에는 주먹밥에 스팸이 들어가지.

스팸의 역사를 살펴보니 배가 고파 오네~. 얼른 따끈한 흰 쌀밥에 스팸을 얹어 먹어야겠어.

라면이
이 세상에
없다면?

　식사로 밥 말고 많이 먹는 음식이 뭘까? 힌트를 주자면 김치와 가장 잘 어울리는 음식이야. 물으나 마나 라면 아니냐고? 맞아, 라면이야. 정확한 표현은 인스턴트 라면이야. 끓는 물에 넣으면 몇 분 뒤 간편하게 먹을 수 있으니까.

　2019년 통계인데, 1년 동안 우리나라에서 라면이 약 40억 개가 판매되었고, 한 사람당 평균 70개 이상 먹는다고 해. 어마어마한 수치이지?

짜장라면, 비빔라면, 짬뽕라면, 볶음면 등
종류도 다양하고, 맛도 매운 맛, 순한 맛 등
으로 나뉘어 입맛에 맞게 골라 먹을 수 있
으니까 더 인기야. 어디 그뿐이니? 생라면에
라면수프를 뿌려 먹으면 과자보다 더 맛있어.

　라면을 먹을 때마다 언제, 누가 만들었는지 궁금
하지 않았니? 배가 고파 허겁지겁 먹느라 관심 없
었다고? 우선 라면으로 배를 채우고 나서 천천히 살
펴보자.

　인스턴트 라면은 일본에서 시작되었어. 일본에서
는 라면을 라멘이라고 부르는데 중국의 납면에서 유
래했어. 메이지 유신 이후 중국인이 일본에 많이 들

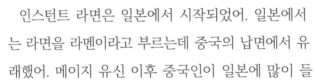

어오면서 알려졌지. 납면은 손으로 늘려서 가늘게 만든 면에 국물을
붓고, 삶은 돼지고기와 야채, 삶은 달걀을 넣어 함께 먹는 음식이야. 제
2차 세계대전 이후 먹을거리가 부족했던 일본은 미국이 준 밀가루로
납면을 만들어 먹었지.

　라면의 아버지라 불리는 일본의 안도 모모후쿠는 납면을 쉽게 먹는
방법을 연구했어. 그러다가 면을 기름에 튀기면 오래 보관할 수 있고,
삶으면 부드러워진다는 것을 알게 되었지. 그렇게 해서 1958년에 최
초의 인스턴트 라면인 '치킨 라면'이 나와. 요즘 라면 포장과 다르게 수
프가 라면 위에 뿌려져 있었는데, 1960년대부터 개별 포장이 되었어.

　우리나라는 1963년에 삼양식품에서 일본의 라면 제조 기술을 들여
와 라면을 만들었어. 가격이 10원이었는데, 당시 커피 값이 35원이었

지. 처음에는 사람들의 반응이 좋지 않았어. 밥에 익숙했던 우리나라 사람들은 라면의 '면'을 옷감으로 오해하기도 했고, 닭 국물이 입맛에 맞지 않았어. 훗날 한국인이 좋아하도록 맵고 짜게 맛을 바꾸었지. 또한 쌀이 부족해 잡곡과 밀가루 음식을 많이 먹게 되면서 라면이 점차 인기를 얻어.

1965년 농심(당시 롯데공업)에서 '롯데라면'이 나와. '삼양라면'의 닭고기 육수와 달리 소고기로 국물을 낸 이 라면으로 금방 삼양라면의 인기를 따라잡지. 그러다가 1980년대 '신라면'을 출시하여 돌풍을 일으켜. 매운 맛을 좋아하는 한국 사람들의 입맛에 맞았던 거야.

친구들과 편의점에서 먹는 '컵라면'도 빠질 수 없지?

세계 최초의 컵라면은 1971년 일본의 닛신식품이 내놓은 '컵누들'이야. 이 역시 라면의 아버지 안도 모모후쿠가 개발했지.

컵라면은 이듬해 우리나라에 전해져서 1972년 삼양식품에서 생산했지만 인기가 없었어. 봉지 라면보다 비쌌고, 컵 모양의 용기가 밥상에

둘러앉아 밥을 먹는 우리나라 식사 문화와 맞지 않았기 때문이야.

10년 뒤 1982년, 농심에서 '육개장 사발면'이 나왔는데 이번에는 큰 인기를 끌었어. 라면 용기가 사발 모양이라 한국인에게 친숙했고, 양도 컵라면에 비해 많았지.

요즘 학원 근처 편의점에서 컵라면과 삼각김밥

으로 배를 채우는 청소년들을 자주 봐. 공부도 중요하지만 몸에 좋은 음식을 잘 챙겨 먹는 게 더 중요하다는 걸 잊지 마. 뭐? 라면은 간식이었다고?

라면은 왜 꼬불꼬불할까?

국수는 면발이 곧게 쭉쭉 뻗었는데 라면은 왜 꼬불꼬불할까? 라면을 먹으면서 그런 생각한 적 없니?

첫 번째 이유는 면발이 꼬불꼬불해야 좁은 봉지에 많이 담을 수 있어. 라면 1개 면발의 길이가 보통 50미터 내외야. 엄청난 길이지?

두 번째 이유는 튀길 때 기름이 잘 스며들고, 튀긴 이후에는 기름이 잘 빠지기 때문이야.

세 번째 이유는 면발 사이에 뜨거운 물이 잘 들어가 빨리, 골고루 익어서야.

마지막으로 젓가락으로 집기 편하고, 운반할 때 면이 부서지지 않아. 국수는 잘 부러지잖아.

라면 면발에 이런 엄청난 비밀이 있었다니! 과학은 늘 우리 곁에 있지?

치킨공화국에서는
1인 1닭!

우리나라에 가장 많은 음식점은 무엇일까? 아무리 생각해 봐도 모르 겠다고? 힌트를 주겠어. 집에서 가장 많이 배달시켜 먹는 음식과 관련 이 있어. 맞아! 치킨점이야.

2019년 통계를 보면 프랜차이즈 브랜드 치킨점이 약 3만 5000개 정 도래. 거기에다가 프렌차이즈가 아닌 치킨점까지 더하면 그 수가 더 많 겠지. 우리나라는 정말 1인 1닭을 실천하는 치킨공화국이 맞나 봐. 치 킨과 하느님을 더해서 '치느님'이라는 신조어까지 있잖아.

아이부터 어른까지 누구나 좋아하는 국민 간식 치킨! 너무 먹고 싶 어 배달 이플을 클릭했다고? 배달을 기다리는 사이, 치킨의 역사를 살 펴보자.

세계 최초로 치킨을 먹은 사람이 누구인지는 알 수 없어. 다만 예전 부터 닭을 기름에 튀겨 먹는 풍습이 여러 나라에 있었지.

유럽에서 미국으로 건너온 이민자들과 아프리카에서 끌려온 노예들이 치킨을 기름에 튀겨 먹으면서 널리 퍼졌어. 노예들은 농장 주인들이 먹고 남긴 닭에 밀가루 반죽을 입혀 기름에 튀겨 먹었는데, 열량이 높은 음식이라 힘든 일을 끝내고 즐겨 먹었지. 이후 닭을 많이 키우고, 밀가루와 기름도 충분히 공급되면서 본격적으로 치킨 시대가 열려.

자, 이제 치킨 역사에서 빠지면 안 되는 어르신, 미국의 커널 할랜드 샌더스 할아버지를 만나 보자. KFC 매장 앞에 흰색 정장을 멋지게 입고 서 있는 수염이 덥수룩한 할아버지야.

1940년대 미국 켄터키주에 살았던 할랜드 샌더스는 비밀 양념을 개발하여 여러 가게에 소개했지만 그 누구도 거들떠보지 않았어. 그러다가 1009번째 찾아간 레스토랑 주인이 그 양념의 맛을 알아보고 계약했어. 그렇게 1952년에 켄터키프라이드치킨이 처음 문을 열었지. 1008번 실패해도 포기하지 않은 노력 덕분에 우리가 맛있는 치킨을 먹을 수 있는 거야. 우리 모두 1009번의 도전을 잊지 말자고!

이번에는 우리나라의 치킨 역사를 살펴볼게.

오래전 우리나라에서는 집에서 닭을 키웠는데 더 이상 달걀을 낳지 못하면 백숙을 해 먹었어. 그런데 역시 문제는 닭다리야. 남아 선호 사상이 강했던 예전에는 아버지와 큰아들이 닭다리를 하나씩 먹었어. 요즘도 치킨을 시키면 닭다리를 서로 먹겠다고 눈을 흘기며 형제끼리 싸우니? 가정의 평화를 위해 닭다리가 많은 메뉴를 시키면 어떨까?

한국에서 치킨은 1960년대 명동 영양센터에서 전기 구이 통닭을 선보이면서 시작됐어. 그때는 닭을 통째로 구워서 포크로 뜯어먹었지. 영양 보충을 위해 치킨을 먹던 시절답게 이름에서부터 좋은 기운이 느껴지지? 영양센터는 인기를 끌면서 전국으로 퍼져 나가.

닭을 조각내 튀김옷을 입혀 튀긴 프라이드치킨은 1977년 남대문 신세계백화점에 문을 연 림스치킨이 최초야. 역사적인 순간이니까 모두 박수를! 한국 최초의 프랜차이즈여서 서울 미래유산으로 지정됐어.

한국 치킨의 매력, 아니 마력은 양념치킨이잖아. 양념치킨을 처음 만든 사람은 윤종계라는 분이야. 프라이드치킨을 먹던 손님들이 비린내가 난다고 해서 해결 방법을 찾다가 양념을 시작했지. 윤종계 님은 한국 치킨의 아버지라고 할 수 있어.

그런데 어쩌다가 우리나라에 이렇게 치킨집이 많은 걸까?

경제가 안 좋아지면서 정년을 못 채우고 명예퇴직한 사람들이 치킨집을 많이 열고 있어. 프랜차이즈 본사에서 개발한 방법대로 조리하면 누구나 쉽게 만들 수 있다는 장점이 있지. 오죽했으면 한국은 치킨을 만드는 사람, 치킨을 배달하는 사람, 치킨을 먹는 사람으로 나눌 수 있다고 할까.

주말마다 먹는 치킨에 세계 역사와 우리 사회의 풍경이 담겨 있어서 놀랍다고? 그렇게 똑똑한 깨달음을 얻었다면 치킨 한 마리를 혼자서 먹을 권리가 있어!

우리나라 음식 배달의 역사

조선 후기 기록인 『이재난고』를 보면 1768년에 냉면을 배달해 먹었다는 기록이 있어. 그 옛날에 냉면을 배달해 먹었다니 놀라워.

1900년대 자전거 보급으로 음식 배달이 본격적으로 이루어져. 종로의 한 냉면집에서 인근 양복점으로 냉면 81그릇을 배달하기도 했어. 지금 생각해도 81그릇은 엄청난 양이야! 역시 우리는 예부터 배달의 민족이었군.

돈가스, 카레, 고로케에게 출생의 비밀이 있다고?

학교에서 가장 좋아하는 시간은 언제야? 대부분의 친구들은 수업이 끝나 집에 갈 때를 가장 좋아할 거야.

두 번째로 기다리는 시간은 언제일까? 당연히 점심시간이라고? 하긴 어떤 친구들은 급식 먹는 재미로 학교에 간대. 뭐? 그게 너라고?

오늘 급식에 무슨 음식이 나왔어? 돈가스? 바삭바삭하게 튀긴 따뜻한 돈가스에 소스를 듬뿍 찍어 먹는 상상만 해도 배에서 꼬르륵 소리가 나고, 입에 침이 고여.

그러면 여기에서 퀴즈를 하나 낼게.

돈가스는 어느 나라 음식일까? 어느 나라인지는 모르겠지만 서양 음식인 건 분명하다고? 땡! 정답은 일본이야.

돈가스는 영어의 포크커틀릿(pork cutlet)에서 유래했어. 돼지고기를

뜻하는 '포크' 대신에 '돼지 돈(豚)'을 쓰고, 커틀릿의 일본어 발음인 '가츠레츠'를 붙여 돈가츠레츠로 불리다가 돈가츠가 되었지.

이제 돈가스를 맛보면서 음식에 숨어 있는 일본의 역사와 문화도 함께 살펴보자.

우리나라가 삼국 통일을 하기 바로 전인 675년, 일본은 덴무왕이 다스리고 있었어. 덴무왕은 살생과 육식을 금지했는데, 이는 일본이 생명을 죽이는 걸 금하는 불교를 믿었고, 소를 이용하여 농사를 지었기 때문이야.

그렇게 일본은 1000년 이상 육식을 하지 않았어. 대신 영양 섭취를 위해 생선을 많이 먹었지. 생선회, 초밥 모두 일본 음식이야. 섬나라여서 생선 구하기가 쉽잖아.

1800년대 중후반 일본은 메이지 유신을 하여 신분제를 없애고, 학교와 공장을 지으면서 강한 국가로 발돋움하려고 했어. 그러면서 본격적으로 외국과 교류를 시작하는데, 자신들보다 몸집이 크고 힘도 센 서양 사람을 보고 큰 충격을 받았어. 일본 사람들은 오랫동안 고기를 먹지 않아 몸집이 작았거든. 당시는 전쟁이 잦았던 때라 군사력이 중요했어. 서양과의 전쟁에서 이기려면 우선 몸집을 키워야 한다고 생각했지.

그때부터 나라에서 고기를 먹으라고 권장했지만 1000년 가까이 고기를 먹지 않은 탓에 고기에서 풍기는 냄새, 식감을 견딜 수 없었어. 게다가 소와 돼지를 많이 키우지 않아 고기 또한 부족했지.

일본은 섬나라여서 개방적이야. 다른 나라의 좋은 점을 받아들여 일본 스타일로 바꾸기를 잘하지. 음식에도 이런 장점을 적용해 돈가스, 고로케, 카레를 만들었어. 이 세 가지 음식은 일본 근대화의 상징이라고 할 수 있어.

먼저 돈가스를 살펴보면, 돼지고기를 얇게 썰어 빵가루를 묻힌 다음 튀겨서 만들잖아. 적은 양의 고기로도 만들 수 있고, 기름에 튀겨서 고기 특유의 냄새도 사라졌지. 고무 타이어를 튀겨도 맛있다는 우스갯소리가 있을 정도로 튀김은 누구나 좋아하잖아.

일본은 오래전부터 생선, 해산물, 채소에 밀가루옷을 입혀서 튀겨 먹는 덴푸라(튀김)가 발달했어. 갈은 생선 살에 밀가루를 섞어 튀긴 어묵(일본어로 오뎅)도 일본 대표 음식이라고 할 수 있어. 다진 고기가 듬뿍 들어간 고로케도 그때 만들어졌어. 빵 속에 고기를 넣어 거부감 없이 육식을 할 수 있잖아.

마지막으로 카레를 살펴볼까?

일본에 가면 카레 가게가 우리나라 김밥 가게처럼 많고 저렴해. 카레는 인도에서 시작했는데 우리가 먹는 카레와 많이 달라. 우리가 먹는 건 걸쭉한 국물에 고기와 야채를 넣어 밥에 비벼 먹는 일본식이야. 카레와 함께 고기를 자연스럽게 먹도록 만든 거지.

혹시 각기병이라고 들어 봤어? 비타민B$_1$이 부족해서 생기는 병인데, 근육이 약해져 팔다리에 힘이 없고, 몸이 부어. 1800년대 말, 일본에 각기병이 크게 유행했어.

당시 부자와 군인이 각기병에 주로 걸렸는데 흰 쌀밥만 먹어서였지. 비타민B$_1$은 잡곡과 고기에 많이 들어 있는데 쌀밥만 먹으니 영양 균형이 무너져 각기병에 걸렸던 거야.

특히 군대에서 이 병에 걸린 병사들이 많았어. 군대라서 다양한 반찬을 먹을 수 없고 쌀밥만 먹었으니까. 군인들이 제대로 걷지 못하면 큰일이라서 비타민B$_1$이 풍부한 밀가루를 어떻게 먹일까 고민할 때 카레라이스가 나왔어. 냄새가 강한 카레 가루에 밀가루를 섞으면 감쪽같잖아. 그렇게 밀가루를 비롯해 다양한 반찬을 함께 먹었더니 각기병 환자가 거의 없어졌대.

내일 점심 급식에 돈가스나 카레가 나올 확률은 30퍼센트! 믿거나 말거나!

돈가스나 카레, 고로케를 먹을 때 친구들에게 일본 역사에 대해 아는 척 좀 해 봐. 물론 음식이 입 밖으로 나올 수 있으니 꼭 삼키고 말해야 해.

금보다 더 귀한 소금

　어른들은 음식을 싱겁게 먹어야 건강에 좋다고 말씀하시잖아. 몸을 생각해서 소금을 전혀 안 먹으면 더 건강해질까? 천만의 말씀! 그러다가 목숨을 잃을 수도 있어. 혈액에는 0.9퍼센트의 염분이 있어야 건강을 지킬 수 있지. 그렇다고 일부러 손가락으로 소금을 찍어 먹을 필요는 없어. 우리나라 사람들이 즐겨 먹는 김치, 된장에 소금이 많이 들어 있으니까.

　너무 많이 먹어도, 부족해도 문제가 생기는 소금에 대해 알아볼까?

　아주 오래전, 사람들은 낚시와 사냥을 하며 장소를 옮겨 다니고 살았어. 그때는 주로 짐승과 물고기를 잡아먹고 살았는데 그 안에 소금 성분이 있어서 따로 소금을 먹을 필요가 없었지.

　이후 농사를 지어 쌀, 밀 등 곡식을 먹으며 한곳에 사는 정착 생활을

했어. 곡식에는 소금 성분이 없으니 그때부터 소금이
필요해진 거야. 또 냉장고가 없어 음식이 금방 상해서 음
식물을 소금에 절여야 오래 보관할 수 있었어.

그렇다면 우리의 삶과 떨어질 수 없는 소금을 어떻게 구했을까?

먼저 소금을 얻는 방식에 따라 육지의 소금 광산에서 얻는 암염, 바
닷물을 끓여 얻는 자염(전오염), 바닷물을 염전에 담아 햇빛에 증발시
켜 만드는 천일염이 있어. 이 가운데 암염이 세계적으로 가장 많이 거
래되지.

인류가 소금을 이용하기 시작한 것은 기원전 6000년경으로 추정해. 사람들은 소금을 구할 수 있는 소금 호수나 소금 바위 근처에 모여 살았어. 소금을 구하기 쉬운 강 하류에서 고대 문명이 시작되기도 했어.

로마도 소금 덕분에 작은 나라에서 제국으로 성장할 수 있었지. 소금을 수출하던 길을 소금길이라고 말할 정도로 소금 무역의 규모가 컸어. 번성하던 로마가 무너진 이유 중 하나도 소금 때문이야. 자연이 변화하면서 해수면이 높아졌고, 염전이 사라져서 소금을 수입하게 되었지. 나라를 흥하게도 망하게도 하다니 소금이 얼마나 중요한지 알겠지?

이번에는 역사를 거슬러 올라 한국에서 소금이 어떻게 쓰였는지 살펴보자.

고조선 때는 바닷물을 가두어 증발시킨 뒤, 토기나 솥에 넣고 끓여서 소금을 얻었어. 삼국 시대에는 소금을 공물로 사용했고, 고려 시대에는 소금이 국가 경제에 큰 도움을 주었으며 나라가 소금 생산권을 갖고 있었어. 조선 시대에는 서해안과 남해안을 중심으로 소금을 생산했어. 전통적으로 해 오던 자염 방식으로 소금을 만들다가 1907년부터 천일염 방식이 도입되었지.

그런데 소금은 얼마나 먹어야 할까? 미국에서는 하루 평균 6g, 일본에서는 10g 미만으로 섭취할 것을 권장해. 우리나라 역시 8.7g을 넘지 말도록 권장하지만 라면 한 그릇에 5g이 들어 있으니 지키기가 참 어려운 것 같아.

어른들 중에 짜게 먹는 분이 많은데 건강을 위해 싱겁게 드시라고 말씀드려. 꼭 필요한 잔소리야. 물론 여러분도!

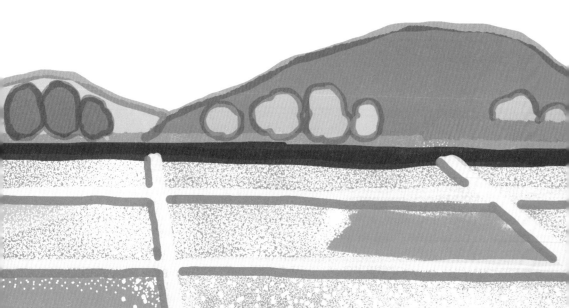

더 똑똑!

소금은 우리말일까, 한자어일까?

소금은 한자로 小金(작은 금) 같지만 사실 우리말 소곰에서 유래했어. 서양에서는 라틴어의 sal에서 유래했어. 영어로는 salt, 독일어로는 salz, 스페인어로는 sal이라고 하지.

오스트리아에는 잘츠부르크(Salzburg)라는 도시가 있는데, 소금 덕분에 경제적으로 부유해진 곳이어서 지역 이름에 salz가 들어가는 거야.

옛날에 소금은 정말 귀하고, 구하기 어려웠어. 한자로 소금을 鹽(소금 염)이라고 하는데, 한자의 구성을 살펴보면 신하[臣]가 소금[鹵]을 그릇[皿]에 두고 지키는 모습이야. 소금이 얼마나 중요했는지 알겠지?

로마 시대 병사들은 월급을 소금으로 받았어. 영어로 월급을 뜻하는 샐러리(salary)라는 단어도 소금을 지급한다는 뜻의 라틴어 살라리움(salarium)에서 유래한 거야.

여름이 되면 많이 먹는 음식은 뭘까? 뭐, 더위라고?

아무리 배가 고파도 더위는 먹지 말자~.

여름이 되면 곱게 간 얼음을 산처럼 쌓고 그 위에 팥과 연유를 뿌린 빙수를 많이 찾잖아. 팥을 싫어하는 친구들은 과일빙수나 우유빙수를 먹기도 하지.

믿기 어렵겠지만 조선 시대에도 과일빙수를 먹었대. 빙수를 한자로 쓰면 '氷水'야. 얼음을 넣은 차가운 물이라는 뜻이지. 빙수를 만들려면 얼음이 꼭 있어야 하는데, 냉장고도 없던 그 옛날에 어떻게 얼음을 구했을까?

기원전 300년경, 마케도니아의 알렉산드로스 대왕이 페르시아를 점령할 때 더위에 지친 병사들에게 높은 산에 쌓인 눈에 꿀과 과일즙을 넣어 빙수를 만들어 줬대. 환경 오염이 심하지 않았으니 가능한 일이야.

동양에서도 빙수의 역사는 참 길어.

송나라 역사서에는 황제가 여름철에 신하들에게 밀사빙을 하사했다는 기록이 나와. 밀(蜜)은 꿀, 사(沙)는 팥소, 빙(氷)은 얼음이야. 그러니까 꿀과 팥을 넣어 얼음과 섞은 음식, 즉 팥빙수야. 마르코 폴로의『동방견문록』에는 중국 베이징에서 먹었던 빙수 제조법을 베네치아로 전했다는 기록이 있어.

우리나라에서도 빙수를 먹은 기록을 찾을 수 있어. 겨울에 꽁꽁 언 얼음을 잘라 석빙고에 보관했다가 여름에 그 얼음을 꺼내 갈아서 과일과 함께 먹었다는 기록이 있지. 석빙고란 얼음이 녹지 않게 보관하는 냉장고 같은 건데, 지하에 굴을 파고 돌로 만들었어. 예나 지금이나 어느 나라에 살든 누구나 더울 때는 시원한 음식을 찾나 봐.

1869년 일본 요코하마에 처음으로 빙수 파는 가게가 생겼어. 지금 우리가 먹는 빙수와 비슷한 형태였는데 그 당시에는 얼음 가는 기계가 없어서 대패로 밀었어. 1887년이 되어서야 얼음을 가는 기계가 발명되었지.

고종 때 수신사로 일본에 다녀온 김기수가 『일동기유』라는 책에 일본 왕을 만나 식사를 하며 빙수를 먹었다고 적었어.

유리 술잔에 얼음으로 만든 즙을 담고 계란과 설탕을 넣었는데 맛이 달고 상쾌해서 먹을 만했지만 너무 차가워 많이는 먹을 수 없다. 한 모금만 입에 들어가도 치아가 시리니 어떤 방법으로 만든 것인지 모르겠다.

먹은 느낌을 읽어 보면 그 전에 이런 음식을 먹어 보지 못했음을 알 수 있어. 그렇다면 우리나라에서는 언제부터 팥빙수를 먹었을까?

1920년대 신문을 보면 서울에 빙수집이 400개가 넘는다고 적혀 있어. 그 옛날에도 포장해서 집에서 먹는 테이크아웃 팥빙수가 있었어. 손수레에 얼음 덩어리를 싣고 다니며 얼음을 깎아 설탕과 팥을 넣어 팔았던 거야.

어린이날을 만든 방정환 선생님 알지? 그분은 빙수를 얼마나 좋아했던지 하루에 7~8그릇이나 드셨대. 그렇게 많이 먹으면 배탈이 나지 않았을까?

한국 사람들은 팥이 붉은색이어서 악귀를 물리친다고 여겨 오래전

부터 팥죽, 시루떡을 즐겨 먹었어. 팥은 몸에도 좋아. 철분이 많아서 빈혈을 예방하고, 비타민B$_1$도 많이 들어 있지.

6·25 전쟁 이후 연유를 비롯해 초콜릿 시럽이 한국에 들어오면서 팥빙수는 더 고급스러워졌지. 연유가 안 들어간 빙수는 맛이 뭔가 허전하잖아.

이렇게 팥빙수의 역사가 아주 오랜 옛날로 거슬러 올라가다니 놀랍지? 지금은 녹차빙수, 우유빙수, 인절미빙수 등 메뉴가 엄청 다양해. 10년 뒤에는 또 어떤 맛을 담은 빙수가 나올까? 어떤 빙수를 먹든 더위를 잘 이겨 내어 건강한 여름을 보내자!

요즘 상식 퀴즈에는 절대 안 나오는 문제야. 짜장면과 자장면, 어떻게 써야 맞춤법에 맞는 걸까?

갑자기 헷갈린다고? 자장면이라고 하면 맛이 안 나서 짜장면이라고 해야 옳다고? 그냥 찍어서 자장면이라고?

둘 다 맞아. 그래서 상식 퀴즈에 이 질문이 안 나오는 거야. 예전에는 자장면이 맞춤법에 맞는 거였어. 그런데 사람들이 짜장면을 더 많이 사용해서 국립국어원에서 2011년에 둘 다 표준어로 인정했지. 이제 우리에게는 짜장면이든, 자장면이든 맘대로 쓸 자유가 생겼어. 이렇게 두 가지가 다 맞춤법에 맞는 낱말은 흔치 않아. 이 책에서는 짜장면이라고 쓸게. 왜? 내 마음이야!

짜장면을 생각하니 조금 전에 밥을 먹었는데도 배가 고프다고?

허기지게 만들어서 미안해~. 전국에 있는 친구들한테 사과할게. 이 책은 반드시 식사 후에 읽으라고 책 표지에 써야 했는데 깜빡했어.

짜장면은 아장아장 걷는 아기부터 어르신들까지 모두가 좋아하는 한국인 '최애' 음식이야. 간짜장, 삼선짜장, 유니짜장, 사천짜장, 쟁반짜장 등 종류가 많아서 입맛에 맞게 골라 먹을 수도 있지.

우리나라에서 가장 많이 먹는 음식 중 하나가 짜장면이래. 2009년에 출간된 도서 『짜장면뎐(傳)』에 따르면 한국에서 하루에 짜장면이 600만 그릇이 팔린다고 해. 통계가 정확한지는 모르겠지만 그 면발을 이으면 지구 한 바퀴 반을 돈다는 계산이 나온다고 하니 대단하지?

30년 전만하더라도 졸업식 날과 이삿날에는 꼭 짜장면을 먹었어. 요즘에는 먹을거리가 많아서 그 정도의 인기는 아니지.

그런데 짜장면은 어느 나라 음식일까? 너무 쉬운 문제라서 하품이 나온다고?

맞아. 중국에서 시작되었어. 중국의 북경과 산동 지역에는 삶은 면에 볶은 면장과 여러 채소를 얹어 비벼 먹는 작장면이 있었어. 1882년 임

오군란 때, 청나라 군인과 노동자 등 많은 중국인들이 우리나라에 들어와 인천항 부둣가에 자리를 잡고 살았어. 그들이 작장면을 만들어 간단히 끼니를 해결한 것이 짜장면의 시초야.

1905년 인천 차이나타운에 공화춘이라는 중국 음식점이 문을 열었어. 지금은 짜장면 박물관으로 운영되고 있지. 이곳에서 처음으로 짜장면이라는 이름을 붙여 판 것이 최초의 짜장면으로 알려졌는데, 사실 그 이전부터 이 일대의 여러 식당에서 짜장면을 판매하고 있었대.

이후 시간이 흘러 1948년에 검은색 춘장에 캐러멜을 넣어 단맛이 나는 사자표 춘장이 나와. 중국에서는 춘장을 면장이라고 하는데 짠맛이 강해. 단맛이 나는 춘장 덕분에 우리나라의 짜장면은 중국의 작장면과는 다른 음식이 되었어. 달콤한 캐러멜을 첨가한 춘장에 양파, 양배추, 돼지고기를 넣어 한국인의 입맛에 맞게 만든 거야. 외국 음식을 그 나라 입맛에 맞게 바꾸는 것을 현지화, 유식한 말로 로컬리제이션이라고 해. 그 대표가 짜장면이지.

1960~1970년대에는 쌀이 부족해 나라에서 '혼분식 장려운동'을 펼쳤어. 이로 인해 짜장면, 라면 등이 큰 인기를 끌었지. 그 당시 학교에서 점심시간이 되면 잡곡을 섞었는지 선생님이 학생들 도시락을 검사했어. 급식을 먹는 요즘은 믿기지 않는 달나라 풍경이지?

짜장면은 물가가 얼마나 올랐는지 살펴보는 기준이 되는 음식이기도 해. 1960년에는 15원이었던 짜장면 한 그릇의 가격이 2020년에는 5000원 정도가 되었어.

짜장면이 인기가 많은 이유 중 하나는 우리나라 사람들의 성격과 잘 맞아서이기도 해. 후다닥 만들어 단무지 하나면 한 그릇 뚝딱 할 수 있는 짜장면이 '빨리빨리'를 외치던 산업화 시대와 딱 맞았어. 게다가 오토바이를 타고 어디든 배달해 주는 신속 정확한 배달 문화가 인기에 한몫을 했지.

오늘 점심에는 짜장면을 먹을까? 뭐라고, 짬뽕을 먹겠다고? 뭘 먹든 맛있게 먹으면 칼로리가 0이래!

쉿, 콜라의 비밀을 알려 주마!

햄버거나 피자, 치킨 같은 패스트푸드를 먹을 때 어떤 음료수랑 함께 먹니? 설마 식혜나 수정과, 동치미 국물이랑 먹는 친구는 없겠지? 대부분의 친구들은 콜라나 환타, 사이다 같은 탄산음료와 먹을 거야. 그런데 언제부터 패스트푸드와 탄산음료를 함께 먹었을까?

시작은 잘 모르겠지만 소화가 잘 되라고 함께 먹지 않았을까? 콜라가 원래 소화제였으니까. 콜라를 발명한 사람 또한 약사였어. 처음 듣는 이야기라고? 좋아, 우리 함께 콜라에 대해 알아보자.

19세기 미국은 약을 많이 만들어 팔던 시대였어. 그중에는 제약회사에서 만들지 않고 민간요법으로 전해지는 방법으로 만든 약도 많았어.

약사였던 존 펨버튼은 남아메리카 원주민들이 통증이나 상처 치료제로 쓰던 코카나무 잎과 소화를 촉진시키고, 피로를 풀어 주는 성분이 들어 있는 콜라나무 열매를 와인에 넣어 1885년에 '프렌치 와인 코카'를 만들었어.

그 제품은 잘 팔렸는데 문제가 생겼어. 그 이듬해 알코올 금지법이 생겨 팔 수 없게 된 거야. 존 펨버튼은 좌절하지 않고 다시 연구해서 와인 대신 알코올 성분을 뺀 탄산수를 넣었어. 이렇게 해서 코카콜라가 탄생한 거야. 그러나 안타깝게도 존 펨버튼은 콜라가 세계인의 사랑을 받는 것을 보지 못하고 1888년 세상을 떠났어.

그 이후 사업 파트너 중 한 사람인 아사 캔들러가 코카콜라 회사의 사장이 돼. 그가 가장 먼저 한 일은 콜라병을 만든 거야. 광고 속 북극곰이 손에 들고 마시던 그 유리병 말이야. 카카오 열매 사진을 보고 디자인한 거래.

그런데 콜라 열매가 아니고 왜 카카오 열매를 보고 만들었을까? 이유는 콜라 열매 그림을 찾지 못해서였대. 지금처럼 인터넷 검색이 쉬웠다면 콜라병은 다른 모습이었을까?

제2차 세계대전이 일어나면서 코카콜라는 전 세계로 퍼져 나가. 코카콜라 회사에서는 미군들이 콜라를 싸게 마실 수 있게 한 병당 5센트에 팔았어. 6·25 전쟁 이후 미군이 한국에 주둔하면서 콜라도 함께 전해졌지. 1960년에는 캔에 담긴 콜라가 세상에 나와. 깨질 위험 없이 보관하기 편해서 언제, 어디에서든 콜라를 마실 수 있게 된 거야.

그렇게 시작된 콜라 열풍은 지금도 여전해서 2017년 기준 세계 200여 개 나라에서 하루 평균 19억 잔이 팔리고 있어. 세계 인구가 78억이라고 한다면 네 명 중에 한 명은 매일 콜라를 마시는 셈이야.

여기에서 놀라운 사실 하나를 알려 줄까?

코카콜라를 만드는 비법이 적힌 문서는 세상에 단 1부밖에 없는데, 은행 금고에 있다가 지금은 코카콜라 박물관에 보관하고 있어. 비법이 유출되지 않고 어떻게 지금까지 지켜 왔는지 진짜 궁금해.

전 세계 어디를 가든 코카콜라 맛은 똑같아. 미국 본사에서 원액을 다른 나라에 공급하면, 그 나라 회사에서 병에 담아 파는 보틀링 방식이라서 가능한 일이야. 우리나라에서는 1968년 한양식품이 국내 최초로 보틀링 방식으로 콜라를 만들었고, 2008년부터 코카콜라음료주식회사가 담당하고 있지.

여기에서 질문! 북한에도 콜라가 있을까? 있을 것 같다고?

정답은 땡! 코카콜라가 없는 나라가 전 세계에 두 곳 있는데 북한과 쿠바야. 둘 다 공산주의 국가로, 미국의 문화와 자본주의에 반대하지. 그 대신 북한에서 직접 만든 '코코아 탄산단물'이 있는데, 그 맛이 어떨지 무척 궁금해.

알고 보니 코카콜라는 소화제라서 이제 자주 마셔야겠다고? 건강을 생각해야지!

초콜릿의 쓴맛 좀 볼래?

2월 14일이 무슨 날인 줄 아니? 네 생일이라고? 정말 축하해!

2월 14일은 밸런타인데이야. 여자가 남자한테 초콜릿을 주는 날이지. 꼭 기념해야 하는 날은 아니니까 초콜릿을 많이 사려고 용돈을 쓸 필요도 없고, 초콜릿을 못 받았다고 슬퍼하지도 마.

많은 사람들의 사랑을 받는 초콜릿은 언제부터 먹기 시작했을까? 달콤한 초콜릿을 먹으며 알아보자.

카카오나무는 열대우림에서 잘 자라며 기후가 알맞은 중앙아메리카에서 많이 재배해. 이 카카오나무 열매로 초콜릿을 만드는데, 초콜릿의 달콤하고 부드러운 맛과는 거리가 먼 쓴맛이야.

카카오나무는 올메크족이 처음 재배했어. 그들은 기원전 400년 전까지 멕시코만에 살았어. 카카오나무 그림이나 초콜릿 흔적이 남은 항

아리가 발견된 걸로 봐서 마야족 또한 초콜릿을 먹었
다는 걸 알 수 있어.

마야 문명이 멸망한 뒤, 1300년대 멕시코에 자리 잡은 아즈텍족도
초콜릿을 좋아했어. '신이 내린 선물'이라며 초콜릿을 귀하게 여겼으며
카카오 원두를 화폐로 사용했지. 이후 초콜릿은 아즈텍 왕국을 정복
한 스페인에 의해 유럽으로 전해져. 초콜릿이라는 말도 스페인어 초콜
라테에서 유래했지.

처음에 스페인 사람들은 초콜릿 음료를 마시고 쓴맛에 실망하여 돼
지나 먹을 음료라고 했어. 그러다가 1530년대부터 설탕을 넣어 단맛이
났어. 그리고 초콜릿 음료를 마시면 기운이 나고 기분이 좋아진다는
소문이 나면서 유럽 국가로 퍼져 나가. 입소문이 무섭잖아.

그때까지만 해도 초콜릿은 마시는 음료였어. 그런데 1820년대 후반
네덜란드의 화학자 반 호텐이 카카오 원두에서 카카오버터를 분리해
내는 데 성공하여 카카오를 가루로 만들 수 있었지. 이후 그 기술을 바
탕으로 1847년 영국에서 코코아 분말과 카카오버터에 설탕을 첨가하
여 고형 초콜릿을 만들지.

여러분이 가장 좋아하는 초콜릿은 우유를 넣은 밀크 초콜릿이지?
우유에 수분이 너무 많아 만들지 못했는데, 스위스의 다니엘 페터가
분유를 넣어 1875년에 최초로 밀크 초콜릿을 만들었어.

미국도 초콜릿 하면 빼놓을 수 없는 나라야. 특히 허쉬 초콜릿이 유명
하잖아. 캐러멜 공장을 운영하던 밀튼 허쉬는 1893년 시카고만국박람
회에 출품된 독일제 초콜릿 기계를 구입해 사업을 시작해. 덕분에 저렴
한 가격으로 초콜릿을 사 먹을 수 있게 되었지.

한참 동안 초콜릿 이야기를 했더니 입에 침이 고이고, 배도 고프네! 초콜릿바는 허기질 때 먹으면 한 끼 식사로 충분할 정도로 든든해. 미국의 프랭크 마스가 1920년에 누가와 캐러멜에 초콜릿을 입힌 초콜릿바를 세계 최초로 만들었어. 하나만 먹어도 든든하니까 제2차 세계대전 때 미군들이 즐겨 먹으면서 곧 세계로 퍼져 나갔지. 이 회사에서 나오는 대표적인 제품은 여러분이 잘 아는 스니커즈야. 오도독 씹히는 고소한 땅콩이 초콜릿과 아주 잘 어울리지.

우리나라에서는 언제부터 초콜릿을 먹었을까?

1800년대 말, 서양 외교관들이 명성 황후에게 초콜릿을 선물했다고 해. 그 이후 6·25 전쟁 때 미군이 한국에 들어오면서 초콜릿은 더욱 널리 알려져. 꼬마들이 미군이 지나가면 "기브 미 쪼코릿!"을 외쳤어. 좀 짠한 풍경이지?

1968년 해태제과와 동양제과가 처음으로 초콜릿을 만들었어. 초콜릿은 과자나 빵에 더해져 더 특별한 간식이 되기도 해. 초코파이와 빼빼로가 대표적이지. 초코파이는 동양제과에서 1974년부터 나왔고, 빼빼로는 1983년 롯데제과에서 만들었어.

요즘에는 건강을 챙기려고 설탕이나 우유가 들어가지 않은 다크 초콜릿을 먹는 사람도 많아. 초콜릿 앞에 적혀 있는 숫자가 높을수록 카카오가 많이 들어갔다는 뜻이야.

전 세계 사람들이 사랑하는 초콜릿! 오늘 입 안에서 천천히 녹여 먹으며 역사를 되새겨 보자. 직접 먹어 봐야 더 쉽게 알 수 있는 법. 속담에도 있잖아. 백문이 불여일먹!

떡이 좋아?
케이크가 좋아?
둘 다 먹을래!

케이크 하면 생일날이 떠오르잖아. 우리나라에서는 떡을 먹는 전통이 있는데 케이크와 떡 중에 뭐가 더 좋아? 모두 먹고 싶다고? 좋은 생각이야!

그런데 언제부터 생일에 떡과 케이크를 먹었을까?

케이크는 밀을 많이 재배했던 고대 이집트에서 시작했어. 그 당시 케이크는 빵에 꿀을 바르거나 말린 과일을 넣어 만들었지. 이집트 사람들은 이스트로 빵을 부풀리는 기술도 있었어. 그들은 태양신을 믿었는데, 신에게 소원을 빌 때 케이크를 바쳤어.

고대 켈트인들도 신에게 농사가 잘되게 해 달라고 빌며 케이크를 제물로 올렸어. 그리고 언덕에서 케이크를 굴렸는데 태양에게 쉬지 말고 움직여 달라는 의미였대.

생일 케이크는 그리스에도 있었어. 생일날 꿀을 바른 빵을 달의 여신 아르테미스에게 바치며 행복하게 해 달라고 기도했지.

십자군 전쟁 이후 설탕과 향신료가 유럽에 들어오면서 다양한 형태의 케이크를 만들 수 있었어.

지금과 같은 케이크는 17세기 중반 독일에서 시작되었어. 어린이의 생일을 축하하는 '킨더페스테'라는 행사를 열었는데, 생일을 맞이한 아이에게 초를 꽂은 케이크를 선물하면 아이는 소원을 빌고 입김으로 촛불을 껐어.

이후 오븐 등 조리 기구가 발전하고, 여러 가지 재료가 생산되면서 케이크가 더욱 다양해졌어. 특히 1860년대 빵을 빠르게 발효시키는 베이킹파우더가 나오면서 케이크를 쉽게 만들 수 있었지.

이번에는 한국판 생일 케이크라 할 수 있는 돌떡에 대해 알아보자.

돌떡은 돌을 축하하려고 만든 떡이야. 돌은 태어나서 만 1년이 되는 첫 생일을 말해. 두 번째 생일은 두 돌이라고 하지. 어떤 회사가 생긴 지 50년이 되면 창립 오십 돌이라고 하잖아.

예전에는 의료 기술이 안 좋아서 갓 태어난 아이가 돌이 되기 전에 죽는 일이 많았어. 그러다 보니 태어나 1년이 된 날, 크게 축하를 하며 돌잔치를 열었어.

돌상에는 떡과 돌잡이 물건을 올려놓지. 활과 화살, 책과 붓, 쌀과 돈, 실타래, 가위와 자 등이 있어. 잡는 물건에 따라 훗날 어떻게 살지 예상하는 재미가 쏠쏠하지. 요즘에는 시대가 바뀌어 마우스, 마이크, 청진기, 국회의원 배지 등 돌잡이 물건이 많이 달라졌어.

혹시 돌잔치 때 먹은 떡 색깔을 기억해? 무지개색이었다고? 그때를 기억한다면 천재가 확실해!

돌떡은 색깔에 따라 의미가 다른데 한번 살펴볼까?

백설기는 장수를 뜻해. 수수팥떡은 귀신이 싫어하는 붉은색이라서 잡귀를 물리친다는 의미야. 그리고 수수라는 말에 한자로 '목숨 수(壽)' 자가 두 번 들어가서 오래 살고 자손이 번성하는 의미도 있어. 또 끈적끈적 찰진 인절미는 끈기 있는 사람이 되라는 뜻이고, 무지개떡에는 소원을 성취하라는 마음을 담았어.

뭐? 오래 살면서 소원을 성취하고, 끈기 있는 완벽한 사람이 되고 싶어서 모든 종류의 떡을 다 먹겠다고?

케이크와 돌떡에는 어린이를 사랑하는 어른들의 마음이 담겨 있으니 먹을 때마다 그 사랑을 생각하면 어떨까? 낳아 주셔서 감사하다고 인사까지 하면 더 좋고!

더 똑똑!

떡 VS 케이크

떡과 케이크(빵)는 동양과 서양을 대표하는 음식이잖아. 떡은 쌀로, 케이크는 밀가루로 만들지. 동양에서는 벼를, 서양에서는 밀을 많이 재배했으니 자연 환경과 문화가 먹을거리에 반영된 거야.

빵은 떡보다 만들기 쉽고, 보관하기 편해. 곁들여 먹는 다른 반찬도 필요 없지. 떡은 빵보다 빨리 쉬고, 금방 딱딱해지는 단점이 있어.

예전에 서양 사람들이 배를 타고 세계를 누비며 대항해 시대를 열 수 있었던 건 빵이 주식이라 가능했다고 말하는 학자도 있어.

전쟁이나 항해 중에 간편하게 먹으려고 유럽에서 비스킷을 만들었다고 해. 수분을 완전히 없앤 비스킷은 망치로 때려 부숴 먹을 정도였다고 하니, 썩지 않고 오랫동안 보관할 수 있었겠지?

옷에 **껌이 붙었다고?**

공원 의자에 앉았다가 일어났는데 바지에 껌이 붙었다고? 어제 새로 산 바지라서 더욱 충격이라고? 벌써부터 엄마의 잔소리가 3단 고음으로 들려오는 것 같아 걱정이 이만저만이 아니라고?

걱정 마. 해결 방법을 알려 줄게. 껌의 역사부터 차근차근 들려준 후 이야기해 줄 테니 잘 듣도록!

중앙아메리카에 살던 마야족은 사포딜라나무에 상처를 내 흘러나오는 진액을 끓여서 단단하게 만든 치클을 씹었어. 치아에 낀 음식물이 치클에 붙어 나와 입 냄새를 없애 주었으니 사포딜라 치클이 천연 치약이라고 할 수 있겠지? 치약과 칫솔이 없던 옛날에는 입 냄새가 얼마나 독했을까?

그리스인은 치아를 깨끗이 하고 입 냄새를 없애려고 유향나무의 달콤한 진액을 씹었어. 인디언은 가문비나무의 진액에 밀랍을 섞어 씹었고.

그 후 마야족의 치클 씹는 습관은 멕시코로 전해졌고, 1860년대 멕시코의 산타 안나 장군과 미국인 토머스 에덤스는 치클을 이용해 고무 타이어를 만들어 돈을 벌려 했지만 실패했어. 대신 골칫덩이로 남은 치클을 어떻게 할까 고심하다가 향료를 넣고 껌을 만들어 약국에 판매했는데 그게 바로 오늘날 껌의 시초야.

아이들은 껌 중에서도 유독 풍선껌을 좋아하지? 풍선껌은 회계사인 월터 다이머가 1928년에 만들었어. 고무와 비슷한 수지라는 물질을 첨가했더니 탄력이 좋아져 풍선처럼 커지는 거야. 달콤하고, 향기롭고, 불면 잘 늘어나 씹는 재미까지 있는 풍선껌은 미국 사람들에게 뜨거운 사랑을 받았어.

그러다가 제2차 세계대전 때 미군이 전 세계로 나가면서 껌이 알려지기 시작해. 그렇게 세계로 퍼져 나간 껌은 다른 나라 아이들에게도 인기였지.

제2차 세계대전이 끝난 1945년 겨울, 일본에 있는 미군 부대 주변에서 미군들이 씹다 버린 껌을 아이들이 주워 다시 씹었어. 그 모습을 안

쓰럽게 지켜보던 사탕 공장 사장 야마모토 시요지가 껌을 만들겠다고 다짐하지. 하지만 전쟁 직후라 재료 구하기가 힘들었어. 야마모토는 연구 끝에 찾아낸 새로운 재료인 초산비닐수지에 포도당과 박하를 넣어 껌을 만들었어. 껌에 비닐이 들어간다니 놀랍지? 비닐 덕분에 껌이 죽죽 늘어나는 거야.

요즘 여러분이 씹는 껌에는 여러 가지 화학 성분을 넣어 잘 씹히도록 했어. 그리고 침에 녹아 물컹거리지 않도록 이름도 엄청 긴 화학 물질을 넣고, 설탕보다 강한 감미료로 단맛을 냈지.

우리나라에서는 언제 처음 껌을 만들었을까?

1956년에 출시된 해태 풍선껌이 최초야. 이후 1967년에 롯데껌이 나오면서 1등 자리를 지키고 있어. 지금도 롯데에서 만든 자일리톨 껌이 가장 많이 팔리고 있어.

껌을 씹다가 물을 마시면 딱딱해지는데 이유가 뭘까? 껌의 주요 성분이 입안의 온도와 씹을 때 생기는 열에 따라 부드럽게 변하는데 물을 마시면 입안 온도가 내려가니 껌이 굳는 거야.

이제 감이 왔니? 온도가 바지에 붙은 껌을 떼어 내는 데 중요하다는 뜻이야. 자, 이제 드디어 해결책을 알려 줄게.

바지에 붙은 껌을 얼음으로 문지르면 껌이 딱딱해지면서 부드럽게 떼어 낼 수 있어.

다른 방법으로는 껌 위에 종이를 대고 그 위에 다리미를 올려놓으면 껌이 녹아서 떼어 낼 수 있지. 다만 껌이 녹은 흔적이 남을 수 있으니까 주의해야 해.

또 이런 방법도 있어. 껌은 기름과 잘 반응하는 성분이라서 기름으로 문지르면 껌을 떼어 낼 수 있어. 그런데 옷에 기름 자국이 남으니 잘 생각해 보고 행동해.

마지막으로 꼭 기억할 점은 껌을 씹고 버릴 때는 휴지에 싸서 쓰레기통에 버리는 것! 아무 데나 버렸다가 그 껌이 네 바지에 달라붙을 수도 있어. 껌의 경고야!

3. 익숙한 물건의 역사

으악, 여권을 집에 두고 왔다고?

외국 여행을 가려고 공항에 갔는데, 가방을 여는 순간 비명을 지르는 사람이 있다고? 아마도 여권을 안 가지고 왔을 거야. 따스한 위로의 말을 건네며 어떻게 해야 하는지 귀띔해 줘. 여권이 집에 있다면 오토바이 퀵서비스로 공항에 가져와야 해. 만약 운이 좋다면 공항에서 급히 여권을 만들 수도 있지. 그 두 가지 모두 안 된다면 눈물이 앞을 가리지만, 안타깝게도 외국 여행은 포기해야 돼.

여권 대신 주민등록증이나 운전면허증을 보여 주면 안 되냐고? 제주도에 갈 때도 여권이 필요하냐고? 이렇게 여권에 대해 1도 모르는 친구들을 위해 이번에는 여권에 대해 알아보자.

여권은 외국으로 나갈 때 자신이 누구인지 밝혀 주는 국가에서 발행한 신분증명서야. 사진이 붙어 있고, 이름, 생년월일, 국적이 적혀 있지. 외국에서 여권을 잃어버리면 우리나라로 돌아오지 못해. 그러니까 외국에 나가면 여권을 복사해서 갖고 있고, 잃어버리지 않게 잘 챙겨야 해.

이렇게 중요한 여권은 언제부터 사용했을까?

기록을 찾아보면 기원전 450년경 페르시아의 신하가 유대로 여행하겠다고 하자, 왕이 '강을 넘어서도 효력을 발휘하는' 문서를 작성해 주었다는 기록이 있어. 로마 제국 때도 여행자를 헤치지 말라고 적은 문서를 발행했어. 현대의 여권에도 여권 소지자를 안전하게 보호해 달라는 문구가 적혀 있는 것과 같지.

중세 유럽에서는 항구나 도시의 성문을 통과할 때 신분증명서를 보여 줬어. 그러다가 19세기 중반 유럽에서 기차 여행이 시작되면서 국경을 넘나들게 되어 여권이 필요해졌어.

우리나라에서는 1902년 대한제국 궁내부 수민원에서 여권을 발행했고, 집조(통행 허가증)라고 불렀지. 당시 하와이에 있는 사탕수수 농장으로 일하러 가는 사람들의 이민 업무를 위해 집조를 발행했어.

일제 강점기 때는 여권 발행을 일제가 했는데 한국 사람들은 대부분 발급을 거부하고 여권 없이 외국에 나갔어. 대한민국 정부 수립 이후 1949년부터 해외여행 규칙에 따라 여권 발급을 시작해.

1960년대 이후에는 기업들이 해외 진출을 하면서 여권 발급도 늘어났어. 그러나 1980년대까지는 경제 사정이 안 좋아서 출장이나 유학이 아닌 해외여행을 나간다고 하면 여권 발급이 어려웠어. 그러다가 1983년 1월 1일부터 50세 이상 국민에 한해 200만 원을 1년간 예치하면 연 1회 사용 가능한 관광 여권을 만들어 줬지.

그렇다면 언제부터 자유롭게 해외여행을 다닐 수 있게 되었을까?

1988년 서울올림픽이 끝나고 1989년부터 항공권과 여권만 있으면 언제든 자유롭게 여행을 나가기 시작한 거야.

참, 그리고 여권은 아주 중요한 증명서라서 돈을 만드는 한국조폐공사에서 만든단다.

잠깐 퀴즈! 북한에 갈 때 여권과 비자가 필요할까? 답은 아니요! 남한과 북한 서로 국가로 인정하지 않기 때문에 통일부에서 발행한 방문 증명서가 있어야 해.

이번에는 여권의 종류를 살펴보자.

여권은 국민들이 사용하는 일반 여권과 공무원들이 공적인 업무로 출국할 때 받는 관용 여권, 그리고 외교관 여권이 있어. 또 외국에 한 번 나갈 때만 사용하는 단수 여권과 유효 기간 동안 자유롭게 사용 가능한 복수 여권이 있지. 대부분 10년 동안 사용하는 복수 여권을 발급받아.

여권의 크기는 가로 125mm, 세로 88mm로 세계 모든 나라가 비슷해. 그런데 색깔은 빨강, 파랑, 초록, 검정 등 다양하지. 디자인은 표지 가운데 그 나라를 상징하는 문양을 넣어. 우리나라는 태극 문양, 일본은 국화, 중국은 자금성, 프랑스는 닭, 미국은 독수리야.

뭐, 질문이 있다고? 방학 때 제주도로 여행을 가는데 여권이 필요하냐고? 국내선 비행기를 탈 때는 신분증만 있으면 돼.

훗날 스마트폰에 여권 기능이 추가될 거야. 그렇게 되면 여권을 두고 와서 공항에서 비명을 지르는 사람이 없어질까?

마지막으로 여권과 비자를 헷갈리는 친구들이 있을 거야. 비자는 사증이라고도 부르는데, 자기네 나라에 들어와도 좋다고 그 나라에서 발행하는 허가서야. 입국 후 돌아가지 않을 가능성이 있는 사람, 범죄를 저지를지도 모르는 사람이 들어오지 못하도록 신분 확인 후 발행해 주지.

　비자는 해외로 가기 전에 미리 우리나라에 있는 그 나라 영사관이나 대사관에 가서 발급받아야 해. 비자가 없으면 그 나라 공항에 도착해도 입국 거절을 당해 다시 한국으로 돌아와야 하니까. 다만 짧은 기간 동안 머물 경우 비자가 없어도 된다고 면제해 주는 나라도 있어. 그럴 때는 여권과 항공권만 있으면 언제든 갈 수 있어.

　비자 없이 여권만으로 입국 가능한 나라가 얼마나 많은지 가늠하는 말이 '여권 파워'야. 2021년 기준으로 여권 파워 1위는 일본인데 193개 나라에 무비자로 갈 수 있어. 2위는 싱가포르이며 192개국을, 그 뒤를 이어 우리나라는 191개 나라에 갈 수 있지.

　이제 전 세계 모든 나라를 여행하는 꿈이 생겼다고? 멋지네! 여권에 입국 도장 찍는 칸이 부족할 수 있으니까 미리미리 준비해~.

PASSPORT

냉장고가 바꾼 세상

무더운 여름, 체육 수업을 마치고 교실로 들어왔는데 대형 냉장고가 있다고? 문을 열었더니 그 속에 시원한 음료수가 가득 들어 있어서 뭘 먹을까 행복한 고민을 한다면 얼마나 좋을까? 꿈은 이뤄진다고 했으니 언젠가는 교실에 냉장고가 설치될 거야. 다만 여러분이 졸업한 이후라는 게 문제겠지만!

한여름, 집에 있는 가전제품 중에 하나만 남겨 놓아야 한다면 무엇을 선택할 거니? 에어컨이나 냉장고일 텐데, 음식 보관을 위해 냉장고는 꼭 있어야겠지?

그렇다면 냉장고가 없었을 때는 어떻게 음식을 보관했을까?

음식에 소금을 많이 넣으면 상하지 않고 오래 보관할 수 있어서 우리나라는 옛날부터 김치, 젓갈 등 염장 식품이 발달했어. 서양에서는 후추를 비롯한 향신료를 많이 넣어 보관했지.

조선 시대에는 땅속 시원한 곳에 돌로 창고를 만들고, 겨울에 단단

하게 굳은 얼음을 보관했어. 그런 창고를 석빙고라고 하지. 서울시 한강 근처에 동빙고동, 서빙고동이라는 동네가 있는데, 그 동네에 석빙고가 있어서 그런 이름이 붙은 거야. 동빙고에는 궁중에서 사용하는 얼음을, 서빙고에는 신하 및 환자나 죄수들에게 나누어 줄 얼음을 보관했어.

그렇다면 석빙고에 보관할 얼음은 어떻게 마련했을까?

한겨울, 한강에서 꽁꽁 언 얼음을 톱으로 썰어서 석빙고까지 운반했어. 두툼한 점퍼나 장갑도 없던 시절이라 너무 춥고 힘들어서 일하다가 도망치는 사람도 많았다고 역사책에 기록되어 있어.

불편하다고 가만히 앉아 있으면 되겠어? 끊임없이 연구한 끝에 드디어 1748년에 영국의 과학자 윌리엄 컬런이 최초로 인공 얼음을 만드는 데 성공했어. 빠르게 증발하는 에틸에테르를 사용해 물을 얼렸지. 땀이 마르면서 피부의 열을 빼앗듯이, 액체가 기체로 바뀔 때 열을 흡수하는 원리를 이용한 거야.

시작이 반이라고 계속해서 연구가 이뤄졌어. 그리고 드디어 1862년, 제임스 해리슨이 에테르를 냉매로 이용한 최초의 산업용 냉장고를 만들어. 이런 이유로 그를 냉장고의 아버지라고 부르는 거야. 이후 1875년에는 독일의 린데가 암모니아를 냉매로 하는 냉장고를 만들었으며, 1911년에 미국의 제너럴일렉트릭 회사에서 가정용 냉장고를 선보였어. 냉장실과 냉동실을 나눈 지금과 같은 형태의 냉장고는 1939년에야 나왔어.

그렇다면 우리나라에는 언제 냉장고가 나왔을까?

1965년에 금성사(현재의 LG전자)가 첫 국산 냉장고인 눈표냉장고를 만들어. 이름에서부터 차가운 느낌이 확 들지? 이후 대한전선과 삼성전자에서도 냉장고를 만들면서 가정의 필수품이 되었어.

냉장고가 나오면서 세상은 많이 변했어. 냉장고에 보관하면 음식이 상하지 않으니까 배탈과 설사 등 질병이 줄었으며, 예전처럼 짜게 먹지 않아도 됐지. 그리고 무엇보다 신선한 야채와 생선, 고기를 먹으면서 영양 섭취를 잘하게 되었어.

반면, 냉장고가 없었을 때는 필요한 만큼 조금씩 장을 봤는데 냉장고가 생기면서 음식을 한꺼번에 많이 사게 되었지. 그 덕분에 마트에 가서 쇼핑하는 문화가 생긴 거야. 냉장고가 사회 풍경까지 바꿔서 신기하지?

연필,
흑심을 품고!

연필을 한 달에 몇 자루나 써? 기억력이 뛰어나서 연필 쓸 일이 없다고? 대단해! 박수를 보낼게. 짝짝짝!

연필은 흑연 가루에 점토를 섞어 높은 열로 구워 심을 만들고, 그 둘레를 나무로 싼 것을 말해. 연필이 없던 옛날에는 숯으로 글을 쓰거나 그림을 그렸고, 납덩이를 사용하기도 했지.

혹시 르네상스라는 말 들어 봤니? 들어 본 것도 같고, 기억이 가물가물하다고? 그러면 이제부터라도 정확히 알아 둬. 14~16세기 유럽에서 본격적으로 문화 예술이 발전한 시대를 말해. 화가 레오나르도 다빈치, 과학자 갈릴레오 갈릴레이 모두 르네상스 시대에 활약했지.

르네상스 시대에 그림을 많이 그렸으니까 당연히 미술 용품이 필요했겠지? 14세기경에는 이탈리아에서 납과 주석을 섞은 심을 나무에 끼워 연필처럼 사용했어.

이후 1565년 영국에서 필기구로 사용할 수 있는 탄소 물질인 흑연이 발견되었어. 그 사연이 놀라워. 폭풍우에 뽑힌 큰 나무 뿌리에 흑연이 딸려 나왔나 봐. 이는 흑연 광산의 발견으로 이어져. 뭐든 눈여겨보는 사람들이 발견도 하는 거야. 앞으로 길을 걷다가 돌멩이 하나라도 꼼꼼하게 살펴보도록! 세계 역사를 바꾸는 중요한 문화재일 수도 있잖아.

1565년에 스위스의 박물학자 콘라드 게스너가 흑연을 얇은 나무 사이에 넣어 글 쓰는 도구를 만들어 사용했다는 언급을 최초로 했어. 그러다가 1700년대 독일인 로다 휘버와 그의 아들이 연필 제조 공장을 설립해 품질이 뛰어난 제품을 만들었어. 그 유명한 바바리아 연필이지!

이후 연필 역사에 한 획을 그은 사람이 나타나. 프랑스의 화학자인 니콜라스 자크 콩테야. 1795년에 그는 흑연 가루와 점토를 섞어 부드러우면서도 단단한 연필심을 만들었지. 또한 점토와 흑연의 비율을 달리하여 구웠더니 더 딱딱하거나 더 부드러운 심이 되었어. 그의 이름을 딴 미술 연필 콩테는 세계적으로 인기가 높아. 콩테 정도는 꼭 기억하자고!

연필을 깎고 마음잡고 공부하려는데 연필이 또르르 굴러 바닥에 떨어지면 연필심이 똑 부러지겠지? 지금 여러분들이 쓰는 연필을 보면 육각 모양일 거야. 그 덕분에 연필이 굴러가지 않는 거야. 독일의 연필 회사 파버카스텔이 최초로 연필 둘레의 나무를 육각형으로 깎았어. 사소한 고민이 물건을 더 편리하게 만들지!

지우개 달린 연필 하나씩은 있지? 미국의 가난한 화가 지망생 하이먼 립맨이 발명한 건데, 그 이야기는 지우개 편에서 자세하게 들려줄 테니 궁금해도 조금만 참아.

우리나라에는 19세기 후반에 연필이 전해졌는데 그때는 왜붓이라고 불렀어. 일본 사람들이 많이 사용했다는 뜻이겠지?

1897년에는 독립신문사에서 연필을 수입해 팔았어. 이후에는 신식 학교들이 연필을 입학시험 준비물로 정했어. 그렇게 수입 연필을 쓰다가 드디어 국내 최초의 문구 회사인 동아연필에서 1946년에 처음으로 연필을 생산했지.

연필이 흑심을 품지 않았다면 우리는 지금도 벼루에 물을 부어 먹을 갈고, 붓으로 글씨를 쓰고 있지 않았을까?

연필심의 종류가 궁금해

연필을 만들려면 우선, 흑연을 곱게 빻아 점토를 섞어 1000도 이상 높은 온도에서 구워 연필심을 만들어. 그리고 나무판 2개에 연필심이 들어가도록 가운데 홈을 길게 판 후, 그 사이에 연필심을 넣고 나무판을 붙이면 완성! 연필심은 흑연을 많이 넣을수록 부드럽고 색이 짙어지며, 점토가 많으면 단단하고 색이 옅어져.

지금 필통 속에 있는 연필을 꺼내 봐. 연필에 H, B, HB라고 적혀 있을 거야. 먼저 H는 단단하다는 뜻의 Hard의 머리글자로, 숫자가 클수록 심이 단단해서 잘 부러지지 않지만 글씨를 쓰면 색이 옅어. B는 검다는 뜻의 Black의 머리글자로, 숫자가 클수록 진하고 심이 부드러워.

일반적으로 필기용 연필은 중간 정도인 HB를 가장 많이 쓰고, 미술용으로는 4B~6B가 적당해.

무더운 여름, 길에서 양산을 쓴 여자를 쉽게 볼 수 있지? 그런데 양산을 쓴 남자는 보이지 않아. 남자들은 양산을 쓰면 안 된다는 법이 있는 것도 아닌데 왜 그럴까?

남자는 우산을 쓰지 않고 비를 맞으며 다녔던 시절도 있었어. 세상이 변해서 지금은 누구나 우산을 쓰듯이 곧 남자들도 여름에 양산을 쓰고 다니는 날이 올 거야. 그러고 보니 우산을 언제부터 썼는지 궁금하네.

먼저 우산을 뜻하는 영어 단어 umbrella는 그늘을 의미하는 라틴어 움브라(umbra)에서 유래했어. 그러니까 우산은 양산 역할도 했다는 뜻이지. 한자로는 雨傘인데 비를 가리는 물건이라는 뜻이야. 옛날에는 양산을 일산(日傘)이라고 했어. 日은 태양을 뜻하니까 양산과 같은 말이겠지?

아주 오래전 이집트와 중국에서는 높은 신분의 사람들만 양산을 써서 햇빛을 피했어.

4세기경, 중국에서는 대나무를 쪼개 만든 우산살에 종이를 붙여 만든 지우산을 썼어. 종이라서 비를 맞으면 못 쓰게 되지 않았냐고? 지우산의 성능을 무시하지 마. 종이에 기름을 입혀서 방수가 되었거든.

로마 시대에는 콜로세움에서 검투사 경기가 자주 열렸는데 야외극장에 앉은 여성들이 햇빛을 가리려고 가죽으로 만든 우산을 썼어.

18세기 초 영국에서는 우산을 여성들만 사용했어. 남자가 우산을 쓰면 여성스럽다는 손가락질을 당했다지 뭐야. 그래서 남자들은 비가 오면 모자를 쓰거나 비를 흠뻑 맞아야 했지.

그런데 우산을 쓴 남자가 나타난 거야. 영국의 무역업자 조나스 한웨이는 조롱 속에서도 꿋꿋하게 무려 30년 동안 우산을 썼어. 그 결과 우산이 여성의 전유물이라는 고정 관념이 깨졌지. 한웨이가 없었다면 지금도 남자들은 우산을 못 쓰고 비를 맞았을지도 몰라.

이후 최초의 우산 전문점 '제임스 스미스 앤 선즈'가 1830년부터 런던에서 우산 사업을 시작해. 처음에는 나무로 만든 우산살에 기름을 칠한 캔버스 천을 씌워서 만들었지. 그러다가 1852년 사무엘 폭스가 철제 우산살을 개발하여 우산 만드는 기술은 한층 발전해.

1920년대에 독일인 한스 하우프트는 크닙스라는 회사를 설립하여 접이식 우산을 개발해. 기술은 점점 발전해 3단 접이식 우산까지 나왔지. 그 덕분에 우산을 가방 안에 쏙 넣고 다닐 수 있게 된 거야. 비가 언제 올지 모르는데 긴 우산을 들고 다니면 얼마나 불편하겠어.

오래전 옛날, 우리나라에서는 우산을 어떻게 사용했을까?

드라마 사극을 보면 왕의 즉위식이나, 행차 때 내시나 궁녀들이 엄청 큰 우산으로 그늘을 만들어 주잖아. 고려와 조선 시대에도 우산은 신분이 높은 사람들만 사용했어.

대신 백성들은 볏짚을 엮어 만든 도롱이를 비옷처럼 입거나 삿갓을 써서 비를 막았지. 갈모도 많이 썼어. 모자처럼 쓰는 작은 우산 같은 거야. 장점은 양손을 자유롭게 쓸 수 있지만 머리만 안 젖고, 몸은 비에 젖는 단점이 있었지.

특별한 우산도 있었어. 해수욕장에 가면 햇빛을 가리는 큰 파라솔이 있지? 비슷한 것이 조선 시대에도 있었는데 차일산(遮日傘)이라고 불렀어. 차일산 아래 둘러앉은 선비들의 모습을 단원 김홍도 선생님이 〈공원춘효도〉 그림에 담았어. 인터넷에 검색해 봐. 파라솔과 똑같아서 놀랄 거야.

만인산(萬人傘)도 소개할게. 백성들을 위해 열심히 일한 관리가 다른 곳으로 떠날 때, 그 지역 사람들의 이름을 큰 일산에 자수로 남겨 관리에게 선물했어. 만 명의 이름이 적혔다고 해서 만인산이겠지? 그것을 받으면 가문의 영광일 거야!

지금과 비슷한 형태의 우산은 1800년대 후기 선교사들이 가져왔을 거라고 추측해. 구한말에 발행된 「독립신문」에 오랜 가뭄 끝에 비가 내렸는데 우산을 쓰고 거리에 나갔다가 폭행을 당했다는 기사가 실린 적이 있거든. 이후 우산은 점차 사용하는 사람이 늘었지만 1950년대까지는 경제적으로 여유가 있는 사람들이 주로 썼다고 해.

기후가 변해 여름이 점점 더워지고 있어. 이러다가는 양산도 여름 필수품이 되어 남녀 모두 쓰고 다니게 될 거야.

A4 용지,
가로세로의 길이는?

수첩, 카메라, 볼펜, mp3, 내비게이션, 지갑의 공통점이 뭘까? 먹을 수 없다고? 맞아. 또 다른 공통점은 스마트폰이 생기면서 사람들이 적게 사용한다는 점이야.

요즘 점점 종이와 연필을 사용하지 않지만 아직까지도 학교에서는 많이 사용해. 현장답사 안내문, 식중독 예방 안내문, 수행평가 문제지까지 하루에 학교에서 사용하는 종이가 몇 장이나 될지 궁금하네. 전국 학교에 전화해서 물어볼까?

여러분들이 받는 가정통신문은 모두 A4 용지일 거야. 그런데 종이 이름이 왜 한글이 아니고 알파벳인지, 왜 숫자가 붙는지 궁금하지?

옛날에는 종이 크기가 달라도, 모양이 세모든, 네모든 사용하는 데 문제가 없었어. 그런데 프린터와 복사기가 나오면서 상황이 달라졌지. 그래서 독일에서 1917년에 물리학자 발터 포츠만의 제안으로 종이 크기를 정했어. 그렇게 해서 독일 공업 규격이 현재 국제 표준 규격이 된 거야.

종이 크기를 어떻게 나누는지 자세히 알아볼까?

한 번도 자르지 않은 가로 841mm, 세로 1189mm 크기의 전지를 A0라고 해. 한 번 자르면 A1, 그 종이를 한 번 더 자르면 A2야. 여기서 신기한 것은 아무리 잘라도 가로와 세로의 비율은 변하지 않고 늘 1:1.4142야. 사람에게 가장 안정감을 준다는 황금 비율(1:1.618)에 가까워서 시각적으로도 편안하지. 또한 종이를 잘라도 비율이 달라지지 않아 종이 낭비가 없어서 경제적이야.

그러면 이제 A4 용지를 꺼내 길이를 재 보자. 가로는 21cm이고, 세로는 29.7cm야. 만약 크기가 다르다면 바로 종이 회사에 신고해.

발견했다고? 종이를 바꾸러 문방구로 달려가겠다고? 잠깐만 기다려!

공장에서 잘못 만든 종이가 아니고 미국에서 만든 레터(Letter size) 용지일 거야. 미국은 A4 용지 대신 미국 표준 규격의 종이를 사용하거든. 레터 용지는 A4 용지보다 세로가 약간 짧고 가로는 약간 넓지. 우리나라 프린터에서 사용하려면 환경 설정을 변경해야 하는 번거로움이 있어. 요즘은 미국에서도 점차 A4 용지를 쓰는 추세로 바뀌고 있어.

여기서 잠깐, 나무 한 그루로 종이를 얼마나 만들 수 있을지 궁금하지? 종이를 만들려면 펄프가 필요한데, 펄프는 나무로 만들어. 나무마다 크기와 두께가 달라서 정확히 말할 수 없지만, 종이 1톤을 얻으려면 30년 된 나무 18그루 이상이 필요해.

한국제지연합회에서 발표한 2019년 자료를 보면, 대한민국 국민 1인당 연간 종이 사용량은 189kg이야. 전 세계 1인당 연평균 사용량인 56kg과 비교하면 3배가 넘는 양이지. 종이를 아끼고 재활용해야겠어.

컴퓨터가 발달하고 스마트폰이 생기면서 여러 가지 서류를 이메일이나 메시지로 주고받아 종이 사용이 줄어들고 있어. 앞으로 교과서도

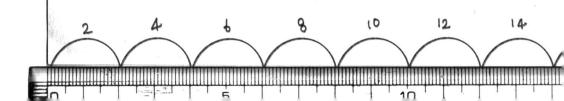

전자 교과서로 바뀌지 않을까? 그러면 공책에 필기도 하지 않겠지? 또 종이돈도 사라져서 전자 결제나 카드만 사용하게 될지도 몰라.

20년 뒤 종이는 또 어떤 모습으로 바뀔까? 시간이 흘러도 종이는 아껴 써야 한다는 사실, 꼭 기억해!

더 똑똑!

선거 때 사용한 종이가 에베레스트산 높이와 맞먹는다고?

우리나라에서 종이가 짧은 시간 안에 엄청나게 많이 사용될 때가 있어. 바로 선거 때야. 전국 방방곡곡 모든 집에 후보자와 정당의 홍보물을 보내야 하잖아.

그렇다면 2020년 21대 국회의원 선거에는 종이를 얼마나 썼는지 알아볼까?

먼저 지역구와 비례 대표 투표용지를 쌓으면 세계에서 가장 높은 에베레스트산 높이와 맞먹어. 무게로 따지면 1만 3820톤의 종이가 들어갔어. 이는 30년 동안 자란 큰 나무 23만 그루를 벤 셈이지. 정말 어마어마한 수치야.

이제 종이를 덜 사용하여 홍보하는 방법을 고민할 때야. 국가 예산도 아끼고, 환경도 보호하고! 일석이조겠지?

친구들과 장난치다가 옷이 찢어지면 엄마에게 혼나잖아. 그런데 찢어져도 괜찮은 옷이 있어. 오히려 멋있게 보이려고 일부러 찢기도 해. 맞아, 바로 청바지야.

마침 지금 청바지를 입고 있는데 찢겠다고? 부모님께 먼저 허락을 받고 하도록!

청바지, 찢어질수록 더 멋져!

요즘 국민 간식, 국민 배우, 국민 가수 등 국민이 붙은 말이 많지? 그만큼 많은 사람들에게 사랑을 받는다는 뜻이야. 꼬마부터 어르신까지, 남녀 가리지 않고 모두들 편하게 입는 국민 바지가 청바지라 할 수 있겠어.

색깔도 짙은 청색, 옅은 청색, 회색, 검은색 등 다양하고 어떤 옷과도 잘 어울리잖아. 게다가 튼튼해서 오래 입을 수 있어. 청바지의 원형을 유지하기 위해 세탁은 1년에 한 번만 해도 된다고 하는데 건강과 다른 사람을 위해서 가끔은 빨아서 입자.

이제 청바지에 대해 알아볼까?

청바지는 데님이라고 부르는 면직물로 만든 옷

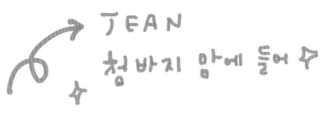

이야. 데님은 목화솜에서 얻은 무명실을 특별한 방식으로 짜서 튼튼하지.

지금과 같은 청바지는 19세기 미국에서 만들었어. 미국의 캘리포니아주에서 금광이 발견되었다는 소문이 나자 세계 곳곳에서 사람들이 몰려들었어. 이걸 골드러시라고 해. 샌프란시스코는 그때 몰려든 사람 덕분에 커진 도시야. 사람들이 갑자기 많이 모여들자 집이 부족해 아무 데나 천막을 치고 살면서 샌프란시스코는 천막촌이 되었어.

그때 리바이 스트라우스라는 독일에서 온 젊은이가 천막으로 사용할 수 있는 튼튼한 캔버스 천을 만들었어. 그 천은 곧 인기를 끌었고, 군대에서도 청년에게 천막용 천을 주문했지. 그런데 갑자기 계약이 취소되어 청년에게 위기가 찾아온 거야.

하지만 좌절하고 포기했다면 역사에 이름을 남기지 못했겠지? 그는 이 위기를 어떻게 해결할까 고민하다가 천막용 천으로 튼튼한 작업복 바지를 만들어 팔았어. 금을 캐느라 온종일 밖에서 일하는 사람들에게 찢어지지 않는 청바지는 최고였어. 이 작업복이 지금의 리바이스 청바지 브랜드가 된 거야.

미국 하면 말을 타고 달리는 카우보이가 떠오르지? 그들도 청바지 마니아였어. 그렇게 청바지는 미국의 상징이 되었고, 특히 리바이스 청바지는 세계적인 브랜드로 인정받아.

제이콥 데이비스라는 재봉사도 기억해야 해. 그는 청바지에 달린 주머니가 잘 뜯어진다는 고객의 이야기를 듣고, 바지에 리벳이라는 작은 못을 박았어. 그랬더니 사람들의 반응이 정말 좋았어. 지금 청바지를 입고 있다면 리벳이 있는지 살펴봐. 제이콥 데이비스는 리바이 스트라우스와 힘을 합쳐 1873년 리벳 특허도 받고, 멜빵바지도 만들어. 그 바지 또한 엄청난 인기가 있었지.

우리나라에서는 언제부터 청바지를 입었을까? 정확한 기록은 없지만 해방 후 미군이 들어오면서 입지 않았을까 추측해. 6·25전쟁 직후 사진을 보면 청바지를 입은 사람들이 간혹 보이거든.

우리나라에서는 청바지를 수입해 입다가 1960년대 동대문 시장을 중심으로 직접 생산을 시작했지. 그렇게 성장한 회사가 '뱅뱅'이야.

지금도 청바지를 젊은이들이 입는 옷이라고 생각하는 사람 있어? 그런 생각을 고정 관념이라고 해. 고정 관념은 보기 좋게 박살 내야 하는 법! 할아버지, 할머니한테 청바지를 입으면 더 젊어 보인다고 말씀드려 봐. 한발 더 나아가 찢어진 청바지를 입으라고 권유해 봐. 패션은 시대를 앞서 나가야 하는 법이잖아. 옷차림에 나이는 중요하지 않다고!

책상 위에 사는 작은 동물, 마우스

컴퓨터로 게임을 해야 하는데 마우스가 보이지 않는다고? 게임을 못하게 하려고 누군가 숨겨 놓은 것 같다고? 범인은 누구일까? 누군지 짐작은 가는데 증거가 없다고?

마우스가 없는 컴퓨터는 상상하기 싫을 정도로 컴퓨터와 단짝이야. 그러면 한 번쯤 마우스에 대해 알아봐야겠지?

먼저 왜 마우스라고 부를까? 큰 의미는 없고 모양이 쥐를 닮아서 마우스라고 부르는 거야. 만약 돼지를 닮았다면 피그, 닭과 비슷했다면 치킨이라고 불렸을까? 그랬다면 컴퓨터를 할 때마다 치킨이 먹고 싶겠군.

이제 본격적으로 마우스를 살펴보자.

마우스나 키보드를 입력 장치라고 불러. 화면에 나타난 아이콘이나 메뉴를 클릭하고, 숫자나 글자를 입력할 수 있도록 도와주잖아. 마우스 하면 당연히 커서도 알아야겠지? 컴퓨터 화면에서 깜빡이는 표시 본 적 있니? 그걸 커서라고 하는데, 입력 위치를 나타내 주지. 마우스를 움직이면 화면 속의 커서가 움직이고, 버튼을 클릭하면 원하는 작업을 할 수 있어.

그렇다면 마우스는 언제 처음 만들었을까?

마우스의 시작은 트랙볼이야. 1940년대 만들어진 진공관 컴퓨터에서 입력 장치로 사용되었는데 볼링공처럼 생겨서 손으로 자유롭게 움직일 수 있었지.

지금의 마우스와 비슷한 장치는 1968년 미국의 발명가 더글러스 엥겔바트가 만들었어. 조그마한 나무상자 아래로 톱니바퀴 2개가 달려 있고, 그 상자를 움직이면 톱니바퀴가 돌아가면서 화면의 커서도 이동하는 방식이었지.

1973년 제록스에서 알토 컴퓨터를 만들면서 바닥에 아주 작은 공 같은 장치를 붙인 볼마우스를 만들었지만 상업적으로 판매하지는 않았어. 왜냐하면 그때까지만 해도 마우스를 사용해야 할 만큼 다양한 컴퓨터 프로그램이 없었던 거지. 마우스를 본격적으로 사용하기 시작한 것은 1984년 애플사에서 만든 매킨토시 컴퓨터가 등장하면서부터야.

이번에는 마우스의 종류를 알아볼까?

마우스는 크게 볼마우스와 광마우스로 구분할 수 있어. 볼마우스는 볼을 굴려서 사용하는 마우스로, 2000년대 초반까지 사용되다가 지금은 거의 사용되지 않아. 마우스 아래 뚜껑을 열면 작은 공이 들어 있는데 볼에 먼지가 끼면 마우스가 잘 안 움직였지. 이 먼지 덩어리를 '마우스 똥'이라고 부르기도 했어.

광마우스는 바닥에 있는 센서를 통해 움직여. 요즘은 대부분 광마우스를 사용해. 빨간 불이 나오는 센서 구멍에 먼지가 끼면 작동이 잘 안 되니까 틈틈이 닦아 주길! 마우스 기능은 계속 발전하여 마우스 가운데 바퀴 같은 휠을 넣어서 페이지를 빠르게 내리는 스크롤 기능도 생겼어.

마우스를 너무 많이 사용하다 보니 손가락과 손목이 아프다고? 손목 터널 증후군이라는 질환이 생길 수도 있으니 컴퓨터를 너무 장시간 사용하지 말도록 해.

20년 뒤에 마우스는 어떻게 변할까? 마우스가 사라지고 새로운 제품이 대신할 수도 있어. 반지처럼 손가락에 끼고 컴퓨터를 조작할 수 있는 웨어러블 마우스가 출시 예정이래. 또 다른 형태의 마우스를 상상해 봐. 그 물건을 네가 만들면 세계 컴퓨터 역사에 한 획을 그어 컴퓨터의 삼촌이나 이모로 인정받을 수도 있다고!

요즘 노트북이나 태블릿 PC는 필수품이 되었잖아. 그런데 노트북이 없던 시절에 컴퓨터가 필요하면 어떻게 했을까? 누군가한테 컴퓨터를 빌렸겠지? 본체와 모니터를 비롯해 키보드, 마우스, 여러 개의 전선을 챙겨서 다니는 상상만 해도 벌써부터 어깨가 결리네.

불편함은 발명을 이끌어 주는 힘이 되잖아. 휴대하기 편한 컴퓨터를 만들겠다는 조상님들의 열정 덕분에 노트북이 탄생했지.

노트북에 대해 이야기하기 전에 데스크톱부터 알아야 해. 데스크톱이란, 책상 위에 올려놓고 쓰는 컴퓨터를 말해. 본체, 모니터, 키보드, 마우스가 따로 있어서 함께 연결해 쓰는 대부분의 컴퓨터를 말하지. 물론 모니터와 본체가 하나로 된 일체형, 올인원 PC도 있어.

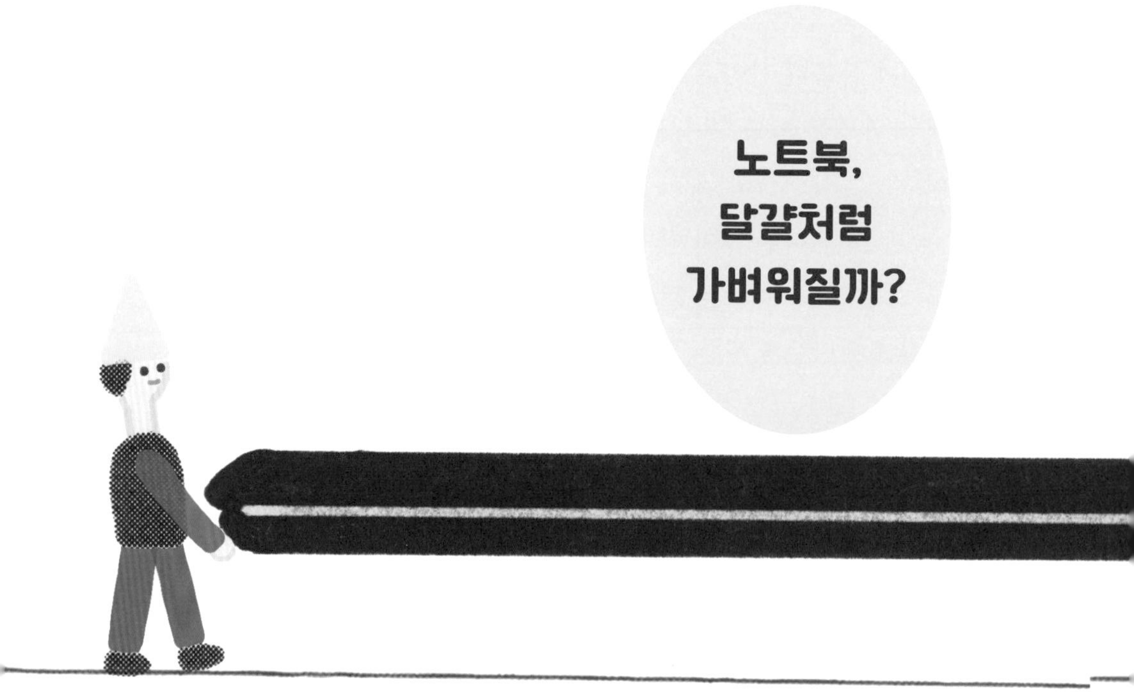

**노트북,
달�걀처럼
가벼워질까?**

노트북은 이 모든 것들이 하나로 합쳐진 것을 말해. 원래 이름은 무릎에 올려놓고 쓴다고 해서 랩톱(laptop)이야. 노트북은 랩톱의 여러 브랜드 이름 중 하나였어. 공책 같은 작은 크기에, 접을 수 있어서 노트북이라고 이름 짓지 않았을까?

노트북에 대해 살펴보기 전에 먼저 컴퓨터의 역사를 알아보자.

세계 최초의 컴퓨터는 1946년에 개발된 에니악이야. 높이 5.5m, 길이 24.5m, 무게 30톤으로 웬만한 창고보다 큰 규모였지. 이후 발전을 거듭해 개인용 컴퓨터가 나왔어. 개인용 컴퓨터를 이르는 'personal computer'를 줄여 PC라고 하지. 게임방을 왜 PC방이라고 하는지 알겠지?

거뜬하네!

창고보다 큰 대형 컴퓨터가 집에서 쓰는 개인 컴퓨터로 작아지면서 성능까지 좋아지니까 사람들이 서프라이즈!라고 외치며 감탄했어. 하지만 사람의 욕심은 끝이 없잖아. 이제는 PC를 들고 다니면 좋겠다고 생각한 거야. 그때는 그런 생각을 엉뚱하다고 하지 않았을까? 그게 바로 창의성이야.

지금의 노트북과 비슷한 모양을 생각한 사람은 미국의 컴퓨터 과학자 앨런 케이였어. 그는 1972년 발표한 논문에서 휴대용 컴퓨터의 개념을 발표하여 '다이나북'이라고 이름 붙였어. 공책 크기로 지금의 노트북과 모양이나 기능이 거의 같았지.

이후 1975년, 미국 IBM사에서 'IBM 5100 포터블 컴퓨터'를 개발했어. 포터블이 이동 가능하다는 뜻인데, 무게가 25kg에 달했지. 쌀 한 포대가 20kg인데 그것보다 더 무거운 노트북을 무릎 위에 올려놓으면 어떻게 될까? 10분도 견디기 힘들 거야. 그 노트북을 랩톱이라고 부르기에는 무리가 있었지. 가격도 엄청 비싸서 감히 살 엄두를 낼 수 없었어.

시간이 흘러 1981년, 오스본사에서 휴대용 컴퓨터 '오스본1'을 만들었어. 본체 크기가 데스크톱만 하고, 무게도 11kg이 넘어서 역시 들고 다니기가 쉽지 않았지. 참고로 마트에서 흔히 보는 감귤 상자가 3.5kg이니까 세 박스를 한꺼번에 드는 무게야. 하지만 사람들은 포기하지 않고 또 연구 개발을 했어. 속담에 시작이 반이라는 말이 있잖아.

지금과 비슷한 형태의 노트북은 1982년에 나온 '그리드 컴퍼스 1101'이야. 무게가 5kg이라서 무릎 위에 올려놓을 수 있으니 진정한 랩톱의 탄생이라고 할 수 있었지.

그러다가 1985년 일본의 도시바에서 지금의 노트북과 똑같은

'T1100'을 만들었어. 본체의 크기가 A4 용지 정도로 작아져 들고 다니기 편했고, 무게는 4kg으로 가벼웠으며, 배터리는 8시간 동안 사용할수 있었으니 기적과 같은 발전을 한 거야. 요즘 태블릿 PC도 많이 나오고 있지만, 타이핑이 어려워서 노트북의 인기는 계속 이어지고 있어. 앞으로 무게가 500g 정도로 더 가벼워진 노트북도 나오지 않을까? 말도안 되는 상상이 언젠가는 현실에서 이뤄지잖아!

우리나라의 컴퓨터와 노트북의 역사를 살펴볼 차례야.

우리나라에 설치된 공식적인 최초의 컴퓨터는 인구 파악을 위해 1967년에 경제기획원 조사통계국에 도입된 'IBM 1401'이야. 이 컴퓨터는 당시 전 세계에 1만 4000대나 팔릴 만큼 인기 기종이었으며, 가격은 40만 달러였어. 조사통계국은 IBM에 매월 9000달러의 사용료를 내고 빌려 썼어. 크기는 교실 한 칸만 했고, 전력 공급이 원활하지않아서 청와대의 전선을 연결해 썼다고 해.

우리나라에서 자체 제작한 컴퓨터는 1962년 한양대 전기공학과 이만영 교수가 진공관을 사용해 만든 '아날로그 전자계산기 1호'야. 하지만 상업화되지는 못했어. 상업적으로 사용된 국산 1호 컴퓨터는 1973년에 제작된 '세종 1호'야. 그 후 우리나라의 기술은 발전을 거듭해 컴퓨터뿐만 아니라 스마트폰도 세계적으로 뛰어나다는 평가를 받고 있어. 대단하지?

컴퓨터의 발전 속도가 더 빨라지고 있는데, 20년 뒤 세상은 어떻게 변할까? 드론을 타고 날아다니고 싶다고? 언젠가 그런 세상이 올 수도 있으니 마음껏 상상해 봐! 황당하고 엉뚱한 생각이 발명의 시작이잖아.

똑똑하게 사용해야 스마트폰

스마트폰이 고장 나서 며칠 동안 쓸 수 없다면 어떻게 될까? 전국 방방곡곡에서 비명이 들려오는 것 같아. 그만큼 스마트폰은 우리 생활과 떼려야 뗄 수 없는 중요한 물건이라는 뜻이지.

여러분은 스마트폰으로 가장 많이 하는 게 뭐야? 부모님에게 사랑한다는 메시지 보내기라고? 심청이를 뛰어넘는 효자, 효녀도 있겠지만 대부분 게임과 유튜브 시청이 아닐까?

스마트폰은 이름 그대로 정말 똑똑해. 버스가 언제 오는지 알 수 있고, 어디에서든 물건을 주문하고, 영화관 예약도 가능하지. 똑똑한 기능이 하도 많아서 다 말하려면 입이 아플 지경이야.

그런데 단점도 많아. 언제 어디서든 사진이나 동영상을 찍어서 인터넷에 올리다 보니 외모에 신경을 너무 많이 쓰게 돼. 게임이나 동영상에 중독되기도 하고. 결국 쓰는 사람이 똑똑하게 잘 사용해야 진짜 스마트폰이겠지?

남녀노소 모두의 필수품이 된 스마트폰은 언제 만들어졌을까?

스마트폰에 대해 알기 전에 먼저 휴대전화의 역사부터 알아야 해. 휴대전화를 핸드폰이라고 하는데 이는 한국식 표현이고, 모바일폰 혹은 셀폰이 올바른 표현이야.

세계 최초의 휴대전화는 1973년 모토로라에 근무하던 마틴 쿠퍼가 개발했어. 그로부터 10년 후 모토로라는 최초의 상용 휴대전화 '다이나택'을 출시했어. 33cm 길이에 무게가 800g에 달하는 일명 벽돌폰! 더욱 놀라운 건 가격이 지금으로 치면 1000만 원 정도였고, 10시간을 충전해도 35분밖에 통화할 수 없어서 많은 사람들에게 보급되지는 않았지.

우리나라는 한국이동통신에서 1988년에 한국 최초로 휴대전화 통신 서비스를 시작해. 우리나라 최초의 휴대 전화 단말기는 삼성전자가 만든 'SH-100S'인데, 역시 무겁고 엄청 컸지. 이후 삼성전자는 휴대전화 개발에 열을 올리는데, 제품을 무리하게 출시하여 10대당 1대가 불량품이었어. 삼성전자는 문제의 제품 15만 대를 구미 공장 운동장에 쌓아 놓고 불태우며 연구를 열심히 하겠다는 의지를 다졌어. 이런 경험이 쌓여서 우리나라 휴대전화가 지금 세계적으로 인정받고 있는 거야.

1989년에는 신문에 휴대전화 광고가 실렸어. 모토로라 휴대전화를 할인해서 150만 원에 판다는 내용이었지. 지금 돈으로 치면 500만 원도 넘는 금액이었지. 이후 여러 통신 회사가 생기면서 우리나라는 본격적으로 저렴한 가격으로 휴대전화를 사용하기 시작해.

휴대전화 이야기를 너무 오래 했지? 이제 스마트폰을 알아보자.

세계 최초의 스마트폰은 미국 IBM사가 1993년에 판매를 시작한 '사이먼'이야. 이메일, 달력, 계산기, 주소록 등의 기능이 있었는데 무게는 500g, 길이는 23cm로 들고 다니기에 무리가 있었지. 게다가 배터리 사용 시간이 1시간 정도인데 가격은 899달러로 너무 비싸서 몇 년 뒤 시장에서 사라지고 말았어.

그 이후에도 스마트폰 기술을 향상시키려는 열망은 뜨거워서 연구를 거듭했지. 마침내 2007년 미국의 애플사에서 '아이폰'을 출시해. 2019년 세계 스마트폰 판매량을 보면 애플사와 삼성전자가 선두를 달리고 있어.

한국은 전 국민의 95퍼센트가 스마트폰을 사용해. 세계 1위지. 그러다 보니 스마트폰 중독으로 여러 가지 문제가 생기기도 해. 게임과 영상을 보느라 일을 미루기도 하고, 스마트폰을 보면서 길을 걷다가 사고를 당하기도 하잖아. 그리고 끊임없이 들어오는 스팸 메시지에 질린 사람도 많아. 메시지 감옥에 갇혔다는 우스갯소리를 할 정도야.

앞으로 스마트폰이 더 똑똑해져서 우리 삶을 편리하게 바꿔 줄 거야. 스마트폰의 노예가 되지 않으려면 중독되지 않도록 똑똑하게 이용해야겠지?

진공청소기,
동전까지
빨아들이니까
조심해!

엄마를 도와 집에서 청소나 설거지를 하니? 청소기 전원을 켤 줄도 모른다고? 어렵지 않아. 전기 콘센트를 꽂고, 아무 버튼이나 누르다 보면 갑자기 귀가 아플 정도로 윙 소리가 날 거야. 그리고 요즘은 무선 청소기를 많이들 사용하잖아.

청소기에 대해 알아보면 청소가 더 재미있어질 테니 지금부터 들려주는 이야기를 잘 들어 봐.

진공청소기는 전동기로 팬을 1분에 1만 회 이상 빠르게 회전시켜서 이때 생기는 진공 상태로 먼지를 빨아들여. 그렇게 해서 먼지는 집진 필터에서 걸러지고, 깨끗한 공기만 배출구로 빠져나가. 진공청소기에서 왜 거센 소리가 나는지 알겠지?

이제 진공청소기의 역사를 살펴볼까?

진공청소기는 서양에서 만들어졌어. 우리나라와 다르게 서양은 바닥에 카펫을 깔고, 실내에서도 신발을 신고 다니는 문화여서 카펫 속에 먼지가 엄청 많아. 그런데 카펫 사이에 낀 먼지는 빗자루로 청소해서는 말끔하게 없애기 힘들잖아. 그래서 발명된 것이 진공청소기야.

진공청소기는 1901년에 영국의 발명가 세실 부스가 만들었어. 하지만 마차에 펌프를 장치한 거대한 기계여서 말이 끌고 다녔고, 집 밖에서 긴 호스를 창문으로 넣어 사용했지.

지금처럼 진공청소기를 작은 크기로 만든 사람은 미국의 제임스 스팽글러야. 천식 환자였던 그는 먼지를 없애려고 많은 고민을 했어. 필요는 발명의 어머니라고 하잖아. 스팽글러는 1907년에 선풍기 모터로 먼지를 빨아들인 뒤, 통에 먼지를 담는 새로운 진공청소기를 발명했어. 그는 곧 발명 특허를 받고 회사를 설립했는데 자금이 넉넉지 않아 사촌인 후버에게 제조권을 넘겼지.

후버는 독특한 판매 전략으로 본격적으로 진공청소기 시대를 열어. 직원들이 집집마다 청소기를 들고 가 청소를 해 주면서 팔았지. "모든 먼지는 남김없이 후버가 가져갑니다."라는 노래까지 만들었어.

스마트폰 영어사전에 후버(hoover)를 검색해 봐. '진공청소기로 청소하다'라고 나와 있을 거야. 후버의 영향력이 얼마나 대단했는지 알 만하지?

그 후 여러 회사들이 앞다투어 새로운 진공청소기를 내놓았어. 다이슨은 진공청소기의 필터와 먼지봉투 구멍이 자주 막혀 청소가 잘 안되는 점을 개선하여 세계 최초로 먼지봉투가 필요 없는 사이클론 진공청소기를 개발했어.

지금은 쓸고 닦는 물걸레 청소기를 비롯해 장애물을 피해 다니면서 혼자서 집 안을 청소하는 무선 로봇 청소기까지 나왔어. 훗날에는 먼지 먹는 하마 같은, 먼지 흡입 기계가 개발돼 청소를 안 해도 되는 날이 오지 않을까?

이제 청소를 시작해 볼까? 오늘은 효자, 효녀 소리 좀 들어 보자고!

2018년에 지우개 싸움 대회가 열렸어. 초등학생부터 100세 이하 누구나 참가할 수 있었는데 무려 900명이 왔지. 그 대회에서 가장 실력이 뛰어났던 사람은 초등학생이 아니었을까? 초등학생이 지우개를 가장 많이 쓰잖아.

지우개를 매일 사용해서 지겹다고? 지우개가 들으면 서운할 거야. 지우개는 여러분이 쓴 글씨를 지우려고 몸을 아끼지 않고 희생하잖아. 지우개에게 고마운 마음을 전하며 이번 기회에 지우개에 대해 알아보자.

먼저 지우개의 원료인 고무에 대해 살펴봐야 해.

11세기에 멕시코 원주민들이 고무나무 수액으로 공이나 그릇을 만들어 사용했다는 기록이 있어. 그 후 15세기 말, 콜럼버스가 신대륙을 탐험하다가 고무를 알게 되고 유럽에 전했지.

1876년에는 영국인 헨리 위컴이 고무나무 씨앗을 원산지에서 몰래 숨겨 갖고 나와 식민지인 말레이시아, 자바 등에 심었어. 그렇게 해서

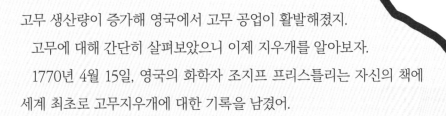

나는 바보가 아니지롱!

고무 생산량이 증가해 영국에서 고무 공업이 활발해졌지.

고무에 대해 간단히 살펴보았으니 이제 지우개를 알아보자.

1770년 4월 15일, 영국의 화학자 조지프 프리스틀리는 자신의 책에 세계 최초로 고무지우개에 대한 기록을 남겼어.

흑연 연필로 쓴 글씨를 종이에서 없애는 물질을 보았습니다.

과학 도구 제작자 에드워드 나이른이 이것을 팝니다.

에드워드 나이른은 어떻게 고무지우개를 발명했을까? 고무지우개가 나오기 전에는 호밀빵이 지우개 대용으로 쓰였어. 어느 날 그는 글씨를 지우려고 빵을 집었는데, 알고 보니 옆에 있던 고무 조각을 문질렀던 거야. 그때 고무가 글씨를 잘 지운다는 것을 알게 된 거지. 이렇게 고무지우개는 예상 못한 우연한 일로 세상에 탄생한 거야.

그렇다면 지우개는 어떤 원리로 글씨를 지우는 걸까?

글씨를 쓰면 연필의 재료인 흑연이 종이에 달라붙어서 글씨가 남는 거야. 여기에 고무를 문지르면 흑연이 고무에 달라붙어 지워지는 거지. 왜냐하면 고무가 흑연과 더 잘 결합하기 때문이야.

그런데 고무지우개가 처음 나왔을 당시에는 큰 문제가 있었어. 온도가 높으면 고무가 끈적이고, 반대로 온도가 낮으면 굳어 버렸던 거야. 이 문제는 1839년 찰스 굿이어가 해결했지. 고무에 유황을 섞었더니 고무는 더 단단해지고 탄성은 좋아졌거든.

어느 웹사이트에서 지우개를 사는 이유에 대해 설문 조사를 했는데, 90퍼센트 이상이 잃어버려서라고 응답했어. 이런 고민이 만든 또 하나의 발명품이 바로 지우개 연필이야. 그 탄생 일화가 재밌어.

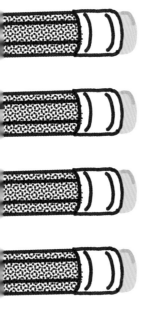

미국 필라델피아에 살던 가난한 화가 지망생 하이먼 립맨은 아픈 어머니를 간호하며 그림을 그렸어. 그러다 보니 지우개도 사기 힘들 만큼 형편이 어려웠지. 어느 날, 그림을 지우려고 지우개를 찾는데 안 보이는 거야. 고민 끝에 실을 지우개에 꿰어 연필에 매달아 사용했지만 덜렁거려서 불편했지. 그러던 중, 모자를 쓰다가 좋은 생각이 난 거야. 그는 지우개를 연필 끝에 모자처럼 고정시키고 특허를 받아 부자가 되었대. 그것이 오늘날 지우개 연필이야.

사소한 생각이 세상을 바꾸는 법! 여러분도 불편한 것을 개선하려고 고민하다 보면 어느덧 발명가가 될 수 있어.

실수를 없애 주는 지우개가 있다면 얼마나 좋을까? 어제 친구와 다툰 일, 교실에서 방귀를 뀌어 놀림당한 일 등을 기억에서 지워 줄 테니까.

컴퓨터 기술이 더 발달하면 손으로 필기를 안 하게 될 테고, 언젠가 지우개가 사라질지도 몰라. 훗날 중요한 유물이 될 수도 있으니 별 모양, 과일 향기가 나는 지우개 등 여러 개를 보관해 놓으렴.

더 똑똑!

오타쟁이 비서가 개발한 수정액

중학생이 되면 볼펜으로 필기를 많이 하는데, 볼펜으로 쓴 글씨는 지우개로 지울 수 없잖아. 이럴 때는 수정액이나 수정 테이프를 사용하지. 수정액이 만들어진 과정도 흥미로워.

1870년대 들어 타자기가 급속히 보급돼. 타자기가 무엇인지 모른다고? 컴퓨터 자판처럼 생겼는데, 타이핑을 하면 바로 종이에 글자가 찍히는 기계야. 문제는 잘못 입력한 글자를 수정할 수 없다는 거였어.

1951년, 당시 비서로 일했던 베티 그레이엄은 매니큐어와 페인트, 종이 가루 등을 섞어 수정액을 만들고 '미스테이크 아웃'이라는 이름으로 세상에 내놓지. 미스테이크 아웃은 실수를 없앤다는 뜻이야. 성능에 딱 맞는 이름이지?

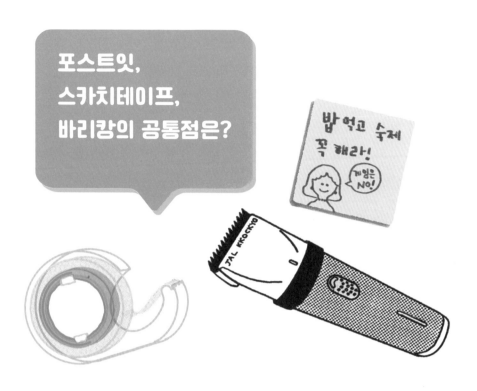

포스트잇,
스카치테이프,
바리캉의 공통점은?

집에 왔더니 방문 앞에 메모지가 붙어 있네.

밥 먹고 숙제 꼭 해라. 게임은 안 돼!

– 사랑하는 엄마가

한숨을 내쉬며 반갑지 않은 메모를 떼어 내겠지?
여기서 문제! 쉽게 붙였다가 떼기 쉬운 메모지를 뭐라고 할까?

정답은 포스트잇! 그런데 포스트잇은 어떻게 해서 생겨난 말일까?

방에 들어왔는데 책상에 문제집이 든 택배 상자가 놓여 있어. 상자는 투명 테이프로 단단하게 포장되어 있었지. 투명 테이프를 스카치테이프라고 하는데, 왜 그런 이름이 붙었을까?

청바지가 불편해서 편한 옷으로 갈아입다가 무심코 거울을 봤더니 머리가 너무 길어. 미용실에 가서 바리캉으로 시원하게 밀고 싶어. 그런데 바리캉은 어쩌다 그런 우스꽝스런 이름이 붙게 된 거지?

이 세 가지 물건의 공통점은 상품 이름이 물건 이름처럼 쓰인다는 거야. 무슨 말인지 모르겠다면 이제부터 자세히 이야기해 줄게.

먼저 포스트잇부터 살펴볼게.

미국의 쓰리엠(3M)이라는 회사에서 접착제 연구를 했는데, 접착력이 좋지 않아 실패했지. 그런데 연구원 아서 프라이가 접착제가 묻은 종이를 책갈피로 사용했나 봐. 그러다가 어디든 잘 달라붙고, 떼어 내기 쉽다는 것을 알고 1977년에 포스트잇이라는 상표로 시장에 선보였어. 그 후 포스트잇은 접착식 메모지의 대명사가 된 거지.

이제 두 번째 주인공 스카치테이프에 대해 알아볼까?

이 투명 테이프의 정식 이름은 셀로판테이프야. 그렇게 부르는 사람 있으면 손 들어 봐. 거의 없지? 스카치테이프 역시 쓰리엠에서 개발했어. 투명하며 습기에도 강한 테이프를 만들어 1930년부터 판매를 시작했어.

당시 경제 대공항으로 어려운 시기였기에 스카치테이프로 집안 물건을 고쳐 사용하는 일이 많았어. 그런데 테이프에 접착제가 많이 붙어 있지 않아서 소비자들의 불만이 컸지. 그래서 인색하다는 의미의 '스카치'로 제품을 불러 비하했어. 스카치(scotch)란, 스코틀랜드 사람을 뜻하는데 인색하다는 이미지가 강했던 것 같아. 그렇게 해서 스카치가 테이프의 이름이 된 거야.

이름에 인색하다는 의미가 담겼지만 반대로 생각하면 실용적이고 아껴 쓴다는 장점이 있기도 해. 책이 찢어지거나 물건에 금이 가면 버리지 않고 스카치테이프를 붙여 더 오래 사용할 수 있잖아.

스카치테이프가 사랑받는 또 다른 이유! 칼이나 가위가 없어도 쉽게 자를 수 있는, 달팽이 모양의 틀 덕분이야. 그것을 디스펜서라고 해. 테이프를 다 쓰면 새 테이프를 다시 채워 쓸 수 있도록 만들어서 더 좋아.

마지막으로 이름만 들어도 귀에서 윙 소리가 날 것만 같은 바리캉에 대해 알아볼 차례야.

유럽에서는 18세기까지 의사가 이발사 역할도 했어. 믿기지 않는다고? 그 흔적이 지금도 남아 있어. 이발소 앞에 청색, 홍색,

백색으로 디자인된 원기둥 모양의 회전 간판이 있는데, 홍색은 정맥, 청색은 동맥, 흰색은 붕대를 의미해. 이발소가 병원을 겸했다는 뜻이지.

1804년에 프랑스의 나폴레옹 정부는 인구가 증가하는 등 사회가 변하면서 이발소와 병원을 분리하도록 했어. 그렇게 해서 처음으로 장바버라는 사람이 병원에서 독립된 이발소를 차리고 '바리캉과 마르(Bariquand et Marre)' 회사에서 만든 이발기로 남자 손님들의 머리를 자르기 시작해. 그 기계가 바로 바리캉이야.

1880년대에 이발기가 일본에 전해졌는데, 일본 사람들은 이발기라는 말 대신 회사 이름으로 불렀나 봐. 그런 이유로 우리나라에서도 이발기를 바리캉이라고 부르게 됐어.

흔히 사용하는 물건에 깃든 이야기가 흥미롭다고? 이 세 가지 말고도 브랜드 이름이 물건 이름으로 쓰이는 경우는 없는지 찾아보고 나에게도 알려 줘~.

4. 익숙한 교통 수단의 역사

자전거?

자전차?

취미가 뭐야? 드라이브라고? 어른들이랑 차를 타고 멋진 곳을 달리면 기분이 좋지.

그런데 비 오는 날은 드라이브를 할 수 없다고? 왜? 차에 타면 비 맞을 일이 없잖아.

아하! 자전거로 하는 드라이브라서 그렇구나. 쉬지 않고 페달을 밟느라 많이 힘들겠지만 대신 허벅지가 튼튼해지겠지. 기름을 안 넣어도 되니 돈도 안 들고, 환경 보호도 되고. 그런데 자전거는 drive 대신 ride가 더 어울릴 것 같아.

오늘도 자전거로 드라이브를 한다고? 출발하기 전에 자전거에 대해 알고 타면 더욱 안전하고 재미있을 거야.

　자전거는 안장에 앉아 페달을 밟아 바퀴를 돌려 움직이는 탈것이야. 보통은 바퀴가 2개인데, 바퀴가 하나인 외발자전거와 아이들이 주로 타는 세발자전거도 있어.

　옛날에는 걷거나 말을 타는 것 외에는 이동 수단이 없었어. 1790년 대에 프랑스의 콩테 드 시브락이 나무 바퀴 2개를 나무로 연결하고 그 위에 올라탄 채 발로 땅을 박차면서 이동하는 목마를 타고 나타났어. 이 장치를 셀레리페르라고 불렀는데, 빨리 달리는 기계라는 뜻이야. 자 전거의 시초라고 할 수 있지.

　이후 1817년 독일에서 드라이지네가 등장해. 셀레리페르와 달리 앞 바퀴 방향을 바꿀 수 있었지. 산림청에서 일하던 카를 폰 드라이스가 만들었는데, 넓은 지역을 돌아다니며 일해야 했기에 교통수단이 꼭 필요했던 거야. 그는 드라이지네를 타고 독일 만하임에서 출발해 12.8km를 이동했는데, 우편 마차로 4시간이 걸리던 거리를 1시간 만에 도착했으니 꽤 성공적이었지.

그즈음 날씨가 안 좋고, 강물이 범람해 농작물이 썩어서 독일과 스위스에 먹을거리가 부족해진 거야. 그러다 보니 말 사료가 없어 말들이 떼죽음을 당하는 바람에 말과 같은 역할을 하는 이동 수단인 자전거에 관심을 갖기 시작해. 곧 유럽 곳곳에서 말을 대체할 교통수단으로 주목받으며 자전거가 만들어졌어. 특히 영국에서는 유행에 민감한 영국 사교계 청년들이 자전거를 많이 타고 다녀서 그들이 타는 자전거를 댄디 호스(dandy horse)라고 불렀어. 이름에 말을 뜻하는 영어 단어 horse가 붙었지?

자전거 기술은 계속 발전하여 1839년에 드디어 페달이 발명되어 발로 땅을 차지 않고도 움직이는 자전거가 나와. 스코틀랜드에서 맥밀런이 최초로 개발했는데, 안타깝게도 자전거를 타다가 구경 나온 소녀와 부딪혀 사고가 나는 바람에 특허를 포기했어.

이후 1861년에 프랑스의 피에르 미쇼가 페달을 밟으면 앞바퀴가 돌아가는 벨로시페드를 만들었어. 맥밀런이 만든 페달은 뒷바퀴가 돌아갔거든. 이 자전거는 엄청난 인기를 끌었고, 첫 대량 생산한 자전거로 기록되었어.

1870년에는 영국의 제임스 스탈리가 오디너리라는 앞바퀴가 큰 자

전거를 만들었어. 앞바퀴가 크면 속도가 빠른
반면 무게 중심이 불안정한 단점이 있었지.

오늘날 자전거처럼 두 바퀴의 크기가 비슷한
자전거는 1879년 영국의 해리 로슨이 만들었
어. 바이시클릿이라는 이름의 이 자전거는 두
바퀴 중간에 달린 페달을 밟으면 체인으로 뒷바퀴가 굴러갔어. 오디너
리에 비해 균형 잡기가 쉬워서 엄청난 인기가 있었는데 진동이 문제였
나 봐. 이 문제는 1888년에 스코틀랜드의 수의사 존 던롭이 고무 튜브
에 공기를 넣은 공기 타이어를 만들어 해결했어.

자전거가 생기면서 여러 가지 사회 변화도 생겼어. 말은 너무 비싸서
탈 수 없었지만 자전거는 저렴해서 누구나 이동 수단을 구입할 수 있게
된 거야. 또한 말은 위험해서 여성들이 타지 못했는데 자전거가 생기면
서 여성들도 자신이 사는 곳을 벗어나 쉽게 이동할 수 있었지. 1868년
에는 최초로 프랑스에서 여성 자전거 경주가 열리기도 했어.

자전거가 세상을 참 많이 바꾸었지? 자전거를 발명하고, 기술을 발
전시킨 사람들에게 큰절이라도 해야겠어.

자동차가 생기면서 자전거의 인기가 떨어졌다가 산악자전거 등이 만
들어지고, 건강과 환경을 위해 자전거를 많이 타
면서 다시 이용량이 늘고 있어. 그뿐 아니라 자전
거 도로도 생겨서 더욱 안전하게 탈 수 있게 되었
지. 그래도 방심은 금물! 늘 조심히 안전 수칙을
지키며 타자고.

비거에서 비행기까지

비행기 하면 가장 먼저 떠오르는 사람은 누구야? 비행기를 만든 미국의 라이트 형제? 그보다 앞선 조선 시대에 우리나라에서도 비행기를 만든 사람이 있었어. 임진왜란 때 진주성이 왜군에 포위당하자 정평구라는 사람이 비행기를 만들어 탈출했다는 기록이 있지. 그는 비행기를 '하늘을 나는 수레'라는 뜻이 담긴 비거 혹은 비차라고 불렀어.

세계 최초의 글라이더 비행은 1800년대로 알려졌는데 우리나라의 비거는 그보다 훨씬 앞서 만들어졌으니 자랑스러워서 어깨에

힘이 들어가네! 그때 나라에서 이런 기술을 더 발전시켰다면 세계 최초로 비행기를 만들었다는 기록을 세웠을 텐데 아쉬워.

하늘을 나는 비행기를 보면 신기하지 않아? 종잇장도 바람을 타고 날다가 언젠가는 떨어지잖아. 그런데 어떻게 해서 그 무거운 쇳덩이가 하늘을 날 수 있을까?

옛날부터 사람들은 하늘을 날고 싶어 다양한 방법을 연구했어. 공기를 데우면 위로 떠오른다는 사실을 알아낸 프랑스의 몽골피에 형제는 커다란 공기주머니를 만들고 불을 지펴 열기구를 띄웠지. 그리고 1783년에 25분 동안 9km를 비행했어.

프로펠러와 날개가 달린 비행기를 만들어 처음으로 하늘을 나는 데 성공한 사람은 그 유명한 미국의 라이트 형제야. 1903년에 12초 동안 36m를 비행했지.

1909년 프랑스의 루이 블레리오가 단엽 비행기를 만들어 영국 해협을 건너 세계 최초로 국제 비행 기록을 세웠어. 그로부터 18년이 지난 1927년에는 미국의 찰스 린드버그가 '세인트루이스의 정신'이라는 비행기를 타고 뉴욕에서 파리까지 약 5800여 km의 거리를 33시간 30분 동안 날았지.

이후 미국 공군의 비행 교관 클라이드 팽본과 휴 헌든은 1931년에 세계 최초로 태평양을 비행기로 횡단했어. 이 둘은 무게를 줄이려고 낙하산과 구명조끼, 무전기를 싣지 않았고, 심지어 구두도 신지 않았어. 더 놀랄 일은 착륙용 바퀴까지 떼어 내고 해변 모래사장에 착륙했어. 목숨을 건 비행이었지.

이후 전쟁을 하면서 비행기는 발전을 거듭하였고, 더 가벼운 소재와 제트 엔진이 개발되면서부터 비행기가 점점 커지기 시작해.

세계에서 가장 큰 비행기는 미국의 스트라토론치야. 비행기 2대를 붙여 놓은 모습인데, 길이는 73m이며 날개 길이는 무려 117m로 미식축구장보다 길어. 이 비행기는 로켓을 싣고 우주 궤도로 발사하기 위해 만들어졌어. 사람이 타는 비행기로는 에어버스사의 A380이 가장 커. 비즈니스석 없이 전석을 이코노미석으로 만들면 800명까지 탈 수 있는 크기지.

가장 빠른 항공기는 미국에서 만든 SR-71 블랙버드야. 1시간에 3530km를 이동할 수 있는데, 이는 서울에서 부산까지 7분이면 갈 수 있는 속도야.

비행기가 크든 작든 가장 중요한 것은 안전이라는 걸 잊지 마~!

가족 여행을 가는데 할아버지께서 차멀미가 심하다고? 그렇다면 기차를 추천할게. KTX는 정말 빠르잖아. 기차의 역사를 알고 떠나면 기차 여행이 더 의미 있을 거야.

기차는 증기 기관차의 줄임말이야. 기차를 처음 만들었을 때 석탄을 태워 보일러에서 증기를 일으켜 그 힘으로 움직였거든.

기차는 에너지 공급 방식에 따라 증기 기관차, 디젤 기관차, 전기 기관차로 나뉘어. 증기 기관은 엔진 외부에서 힘을 얻고, 디젤 기관은 경유를 태워서 엔진 내부에서 작동하는데 증기 기관보다 속도가 더 빠른 장점이 있지. 요즘은 철로 위에 전선을 연결해 전기로 움직여 소리가 크지 않고, 배기가스도 나오지 않아.

기차는 언제 처음 만들었을까?

영국의 리처드 트레비식이 1804년에 증기로 움직이는 최초의 증기 기관차 페니다렌을 만들었어. 이후 영국의 스티븐슨이 더욱 연구하여 1825년에 로코모션 1호를 운행해. 이는 최초의 상업용 열차야. 스티븐슨은 기술을 더욱 발전시켜 1830년에 로켓호를 만들어 리버풀~맨체스터 구간을 승객을 태우고 달렸어. 이런 까닭으로 스티븐슨을 철도의 아버지라고 하는 거야.

1869년에는 미국에 최초의 대륙횡단철도가 생겨 미국의 동쪽과 서쪽 약 2800여 km 구간을 달렸지. 증기 기관이 석탄을 많이 태워야 해서 효율이 떨어지다 보니 끊임없는 연구를 해서 1879년에 독일의 지멘스가 최초의 전기 기관차를 발명했어. 그리고 1897년에는 독일의 디젤이 디젤 기관을 발명했지.

기차 하면 한 번쯤 들어 봤을 시베리아횡단철도. 이름에서부터 엄청난 규모인 것을 짐작할 수 있겠지? 1916년에 만들어진 세계에서 가장 긴 철도인데 모스크바에서 블라디보스토크까지 약 9300km를 25년에 걸쳐 연결했어.

그렇다면 우리나라에는 언제 처음 기차가 들어왔을까?

1899년에 서울 노량진에서 인천 제물포를 연결하는 경인선 철도가 최초로 개통되어 '모갈(Mogul) 1호'라는 증기 기관차를 운행했어. 1905년에는 서울과 부산을 잇는 경부선이, 1906년에는 서울과 신의주를 잇는 경의선이 개통됐어. 그 이후에도 수많은 철도 노선을 연결했는데, 우리나라를 수탈하려는 목적으로 대부분 일본의 자본력과 기술로 만들었지.

해방 후에는 다양한 지역에 철도를 놓아 기차를 운행했고, 1967년까지 증기 기관차를 모두 디젤 기관차로 바꾸었어. 그리고 서울의 혼잡한 교통을 해결하려고 1974년에 서울 지하철 1호선이 첫 운행을 시작했어. 점차 노선이 늘어 서울과 경기, 인천이 연결되었으며, 수도권뿐만 아니라 부산, 광주, 대전, 대구 등 대도시의 주요 교통수단이 되었어. 만약 서울에 지하철이 없었다면 출퇴근 시간에 차가 너무 막혀서 학교나 회사에 가기 3시간 전부터 집을 나서야 했을지도 몰라.

한국 기차의 상징은 KTX라고 할 수 있어. 한국고속철도 KTX는 Korea Train eXpress의 줄임말이야. 2004년 4월 1일에 개통했는데 프랑스, 독일, 일본, 스페인에 이어 세계에서 5번째야. 서울에서 부산까지 2시간 조금 넘게 걸려서 그 전에 운행했던 새마을호 열차보다 두 배나 빨리 갈 수 있게 됐지.

앞으로 기술은 더욱 발전할 테고 그러면 기차 속도도 더욱 빨라지겠지? 이러다가 서울에서 부산까지 기차로 30분 만에 가는 날이 올지도 몰라. 그러면 기차에서 달걀을 먹고 잠깐 낮잠을 자는 즐거움이 사라져 아쉽다고? 좋은 방법이 있어. 창밖을 구경하며 여유롭게 갈 수 있는 새마을호를 타면 되지! 뭘 타든 목적지에 안전하게 가면 되니까.

협궤? 표준궤? 철로 폭이 궁금해

기차가 달리는 철로 폭은 표준궤, 협궤, 광궤 세 종류가 있어.

표준궤는 1.435m로, 말 두 마리가 끄는 마차의 폭을 기준으로 정했어. 그것보다 좁으면 협궤, 넓으면 광궤라고 하지.

영국에서 처음 표준궤로 철로를 만들었고, 그 위를 최초로 달린 열차가 스티븐슨이 만든 로코모션 1호야.

협궤는 폭이 좁아 건설 비용이 적게 들지만 큰 기차가 달리지 못해 운반 능력이 떨어지는 단점이 있어. 일본에는 협궤가 많고, 우리나라와 중국에는 표준궤가 많아.

버스는
다 함께 타야 해!

큰 버스에 혼자 타고 가면 너무 심심하겠지? 버스라는 말은 라틴어 옴니버스(omnibus)에서 유래했는데, '많은 사람들을 위한'이라는 뜻이야. 그래서 버스는 여럿이 타야 하나 봐. 물론 사람이 너무 많이 타서 움직일 수도 없는 만원 버스는 싫지만!

버스가 없었다면 형편이 어려워 자동차를 살 수 없는 사람은 교통수단이 없어서 넓은 세상을 구경하지 못했을 거야. 버스는 옴니버스의 뜻에 딱 맞는 엄청난 발명품이 확실해.

이렇게 중요한 교통수단인 버스는 언제 처음 생겼을까?

1662년 프랑스의 수학자 파스칼이 마차를 이용해 여러 사람이 탈 수 있는 '캐리지'라는 대중교통 수단을 만들었어. 캐리지는 정해진 노선을 운행하면서 사람들을 태웠지.

그 후 1800년대 초 프랑스에 '모두를 위한 마차'라는 뜻의 옴니버스
가 생겨. 목욕탕 사업가였던 스타니슬라스 보드리가 목욕탕에 오는 손
님을 태우기 위해 낭트 시내에서 목욕탕 사이를 오가는 마차에 이런
간판을 붙이고 운행했지. 이후 옴니버스 사업은 많은 사람들의 이용으
로 폭발적인 인기를 끌며 파리를 비롯해 영국과 미국에도 등장했어.

  그러던 1830년, 영국에서 증기로 움직이는 2층 버스가 생겼어. 1층
에 6명, 2층에 12명 총 18명까지 태웠지. 1895년에는 독일에서 처음으
로 가솔린 엔진 버스를 만들었어. 다만 언덕을 오를 때는 승객들이 내
려 버스를 뒤에서 밀었는데 지금 상상하니 웃음이 나오네.

  버스가 생기면서 여럿이 관광하는 시대가 열렸어. 영국과 프랑스가
공동으로 관광버스 운행을 시작해. 프랑스 파리를 출발해서 스위스 제
네바에 가는 6일짜리 여행 코스였지. 걷거나 마차로 이동하던 시대에

버스로 편하게 갈 수 있으니 얼마나 놀라운 변화였을까? 무엇보다 여럿이 함께 가는 장점이 매력이었을 거야.

우리나라에는 언제 처음 버스가 들어왔을까?

진주에 사는 한 일본인이 일본에서 8인승 승합차를 들여와 1912년부터 마산-진주-삼천포 구간을 운행했어. 걸어서 하루 종일 걸리던 거리를 4시간 만에 갈 수 있었지. 비용은 3원 80전. 당시 쌀 한 가마가 4원이었으니 정말 비싼 값이야.

시내버스는 일본에서 들여온 버스 4대로 대구에서 처음 시작했어. 운행 시간은 여름철엔 오전 6시~오후 10시, 겨울철에는 오전 8시~오후 7시까지였지. 정류장이 아닌 곳에서도 태워 줘서 인기가 많았어. 정류장이 아니면 절대 타거나 내릴 수 없는 지금과 비교하면 많이 낯설지?

이후 1928년에 경성부청(서울시청)에서 20인승 대형 버스를 운행해.

드디어 지금과 같은 시내버스가 생긴 거야. 1931년에는 경성유람합승자동차주식회사가 16인승 관광버스를 도입해서 남산, 창경궁, 한강을 둘러볼 수 있도록 했어. 요즘 지역마다 있는 시티투어 버스 같은 거야. 버스 회사 이름에서 벌써 느낌이 팍 오지 않아?

1967년, 신진자동차에서 국내 버스 생산을 하면서 버스가 전국을 누비기 시작해. 버스 하면 고속버스도 빼놓을 수 없는데 경인고속도로가 만들어진 이듬해인 1969년에 처음으로 고속버스가 달렸어.

요즘 너무 빠른 속도에 지쳐서 천천히 사는 사람도 있잖아. 그래서 고속버스 대신 시내버스를 타고 서울에서 부산까지 가기도 해. 시내버스를 타고 느긋하게 우리나라 구석구석을 살피는 재미도 쏠쏠하겠지?

사라진 직업, 버스 차장

일제 강점기 때 일본에서 버스가 들어왔어. 버스에는 기사 말고도 차장이라는 사람이 있어서 요금을 받고 나서 출발할 때 손으로 버스를 두드리며 "오라이!"라고 외쳤지. 주로 젊은 여성이 그 일을 하다가 남성으로 바뀌었지만 1961년부터 다시 여성이 그 일을 맡았어.

그런데 1989년 버스 차장이라는 직업이 역사에서 사라졌어. 버스 문의 개폐가 자동화되는 등 버스 기사 혼자서 이 모든 일을 할 수 있게 되면서 차장이 더 이상 필요하지 않게 된 거지.

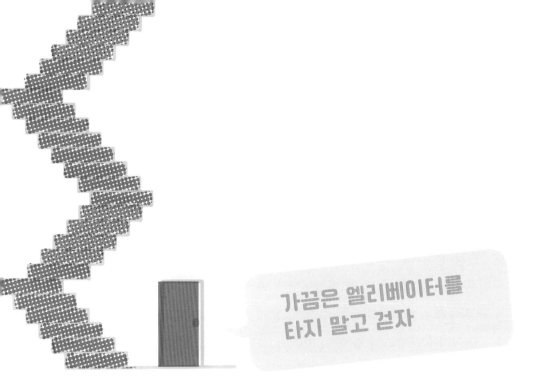

가끔은 엘리베이터를
타지 말고 걷자

　지각이야! 늦잠을 자서 부리나케 가방을 들고 현관문을 박차고 나갔어. 오 마이 갓! 엘리베이터가 고장 났다는 안내문이 붙어 있었지! 아파트 20층에서 1층까지 어느 세월에 내려가지?

　엘리베이터가 없었다면 아마도 5층 이상 건물은 짓지 못했을 거야. 엘리베이터는 동력을 이용해 사람이나 물건을 위아래로 이동하도록 도와주는 기계야.

　아래에 있는 것을 위로 끌어올리는 기술은 아주 옛날부터 있었어. 조선 후기의 실학자 정약용 들어 봤지? 정약용이 수원 화성을 지을 때 무거운 돌을 운반하기 위해 도르래와 밧줄로 거중기를 만들었어. 1만 5000kg까지 들었다고 하니 대단한 기계야. 특히 거중기는 우리나라 역사에 처음으로 기록된 승강 장치라서 꼭 기억해야 해.

엘리베이터의 역사를 살펴보면, 기원전 236년에 고대 그리스의 수학자 아르키메데스가 밧줄과 도르래를 이용해 승강 장치를 만들었는데 엘리베이터 원리와 비슷해. 또 로마 시대의 원형 경기장 콜로세움 알지? 이곳에서 검투사나 동물들이 싸우는 경기를 했는데 동물을 경기장에 들여보내려고 승강기가 여러 대 있었대.

승강 장치하면 나폴레옹도 빠질 수 없어. 사랑하는 왕비가 계단이 많은 왕궁을 걸어 다니기 힘들어했나 봐. 왕비의 의자에 밧줄을 매달아 위아래로 움직여 이동할 수 있게 했어. 사랑의 힘은 위대하지?

18세기에 프랑스의 왕 루이 15세도 승강 장치를 이용한 의자를 탔어. 당시 큰 저택에서는 지하 부엌에서 만든 음식을 위층으로 올려 보낼 때 이런 장치를 사용하기도 했어. 지금도 몇 층짜리 큰 식당에서는 주방에 있는 작은 엘리베이터로 음식을 나르잖아. 처음 듣는 이야기라고? 식당에 가면 주방을 눈여겨보도록!

승강 장치에서 가장 중요한 것은 끊어지지 않는 튼튼한 줄이겠지? 1834년에 독일의 율리우스 알베르트가 강철로 만든 줄을 꼬아 와이어로프를 발명했어. 튼튼한 줄 덕분에 아주 무거운 것도 거뜬하게 들어 올릴 수 있었지.

그 후 엘리베이터 발전에 크게 기여한 인물, 오티스가 등장해. 오티스는 뉴욕의 침대 회사에서 일했는데, 무거운 침대 틀을 어떻게 하면 안전하게 건물 위층까지 운반할 수 있을까 고민했어. 연구 끝에 낙하 방지 장치를 발명하여 줄이 끊어져도 엘리베이터가 추락하지 않게 되었지.

오티스는 이 장치로 큰돈을 벌 수 있을 거라 확신하고 1853년에 오티스 엘리베이터 회사를 만들었어. 그리고 1857년에는 미국 브로드웨이에 세계 최초로 승객용 엘리베이터를 설치했어.

오티스의 아들들은 1878년에 최초의 상업용 엘리베이터를 개발했는데, 기존의 엘리베이터보다 안선하고 가격도 저렴했지. 그리고 그 유명한 파리 에펠탑이 1889년에 건립됐는데, 오티스사에서 세계 최초로 경사식 엘리베이터를 설치했어.

엘리베이터는 이후로도 계속 발전을 거듭하고 있어. 2018년 기준, 세계에서 가장 빠른 엘리베이터는 중국의 광저우 국제금융센터에 설치된 것으로 1분에 1260m를 움직여. 영국 스코틀랜드에 있는 폴커크휠은 배를 들어 올리는 세계 최초 회전식 선박 엘리베이터야. 그리고 중국 유명 관광지인 장가계에 있는 백룡 엘리베이터는 높이가 330m로 세계에서 가장 크고 높은 관광 엘리베이터야. 언젠가 한 번쯤 타 보면 좋겠지?

우리나라에는 언제 처음 엘리베이터가 생겼을까?

1910년, 조선은행(지금의 화폐금융박물관)에 처음으로 화물용 엘리베이터를 설치했어. 은행답게 화폐 운반이 목적이야. 최초의 승객용 엘리베이터는 1914년에 철도호텔(지금의 서울 웨스틴조선호텔)에 설치되었지. 이 엘리베이터도 오티스사에서 만들었어. 이후 1927년에 세브란스병원에도 설치됐어. 당시 엘리베이터를 처음 본 사람들은 신발을 벗고 타기도 했대.

해방 후 6·25 전쟁을 겪으며 경제가 어려워 고층 건물이 없어서 엘리베이터에 관심이 없다가 1960년대 이후 높은 건물이 생기면서 엘리베이터 산업 규모가 커지기 시작했지.

지금은 아파트 및 주상복합 건물이 많아 어디에서든 엘리베이터를 탈 수 있어. 평소 운동할 시간도 없는데 건강도 챙기고, 전력 소비를 줄이기 위해 4층 이하 건물은 걸어 다니면 어떨까?

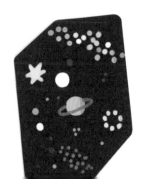

에스컬레이터와 무빙워크

백화점에서는 에스컬레이터를 타고, 마트에서는 무빙워크를 타잖아.

에스컬레이터가 층간 이동을 목적으로 한다면, 무빙워크는 같은 층에서의 이동을 편리하게 하거나, 카트를 끌고 아래층이나 위층으로 가야 하는 대형 마트에 주로 설치해. 백화점은 할인 마트가 아니어서 물건을 대량 구입하지 않고, 무거운 식료품은 대부분 지하에 있으니까 에스컬레이터를 주로 이용하지.

미국인 제시 리노가 경사진 곳에 설치하는 엘리베이터를 생각하다가 에스컬레이터를 발명하여 1892년에 특허를 받았어.

그런데 에스컬레이터는 치명적인 단점이 있었어. 타는 동안 속도가 계속 똑같으면 빨리 못 내리거나 서둘러 타지 않으면 몸이 중심을 잃어 다칠 수 있었지. 다행히 변속 에스컬레이터가 생겨 타고 내릴 때 발판의 속도가 떨어지면서 그 문제점은 해결됐지.

이번에는 무빙워크의 역사를 살펴볼까? 1880년대 후반, 뉴욕의 어느 발명가는 길 위에 움직이는 장치를 만들어서 가만히 서 있기만 해도 뉴욕을 구경할 수 있으면 좋겠다는 생각을 했어. 당시에는 실현되지 않았지만 이후 세계 최초의 무빙 워크가 1893년 시카고만국박람회에 설치되었어.

고속도로를 질주해서 유럽까지!

　가족 여행으로 해수욕장에 가는데 가슴이 두근거린다고? 시원한 바다에 풍덩 뛰어들 생각에 벌써부터 설레는구나? 뭐? 그것보다 휴게소에 들러서 호두과자, 핫도그, 구운 감자, 떡볶이를 먹을 생각에 더 설렌다고? 많이 먹으려고 청바지 대신 무한대로 늘어나는 고무줄 바지를 입겠다고?

　하하! 부럽구나 부러워. 고속도로 휴게소에서 먹는 간식들은 집에서 먹을 때보다 훨씬 맛있지?

　고속도로가 없었다면 우리한테 먹는 즐거움을 주는 휴게소도 생기지 않았을 테니 고속도로에 감사해야겠는걸? 이참에 고속도로에 대해 알면 여행의 즐거움이 더 커질 거야.

도로는 사용 형태에 따라 보행자의 안전한 통행을 위한 보행자 전용 도로, 자동차뿐만 아니라 오토바이도 자유롭게 통행하는 일반도로, 자동차만 빠르게 달리는 전용 도로인 고속도로로 나눌 수 있어.

우리나라의 고속도로는 보통 왕복 4차선 이상이고, 속도는 80~120km야. 오토바이 같은 2륜차와 사람은 통행할 수 없지.

세계 최초의 고속도로는 1923년 건설을 시작한 이탈리아의 아우토스트라다야. 자동차가 다니는 길이라는 뜻이지.

고속도로의 역사에서 독일의 라이히스 아우토반(독일제국 자동차 도로)도 빼놓을 수 없어. 1932년부터 공사를 시작했는데, 당시 경제 대공황으로 일자리를 잃은 사람들이 일을 할 수 있었고, 도로 건설에 필요한 많은 물품을 생산하려고 공장을 지어 경제 발전에 도움을 줬지. 경제가 안 좋을 때 국가에서 대규모 토목 공사를 벌여 일자리를 만들어 경제를 일으키곤 하거든.

아우토반은 제2차 세계대전 때 건설이 중단되었다가 전쟁 이후 완공됐어. 길이는 총 1만 2996km야. 독일의 주요 도시는 물론이고 네덜란드, 스위스, 오스트리아 등 유럽 여러 나라를 연결하지.

속도 무제한 구간이 있는 아우토반 덕분에 다양한 연구를 할 수 있이시 독일에는 폭스바겐, 아우디, 벤츠, BMW, 포르쉐 등 유명한 자동차 회사가 많아.

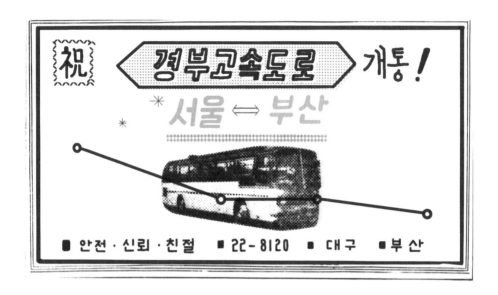

그렇다면 우리나라에는 고속도로가 언제 생겼을까?

서울에서 생산한 물건을 인천항으로 빨리 운반하기 위해 서울과 인천을 잇는 경인고속도로가 1968년에 한국 최초로 개통되었어. 총 길이는 약 23km인데, 도로가 짧다 보니 휴게소가 없지.

두 번째 고속도로는 우리나라 경제 발전의 상징인 경부고속도로야. 경부고속도로는 1968년에 착공해서 1970년에 개통했지. 총 구간은 428km야.

서울에서 부산까지 15시간이 걸렸는데 경부고속도로가 생기면서 5시간으로 짧아졌고, 서울에서 수원, 천안, 대전, 구미, 대구, 부산까지 연결해 전국을 하루에 이동 가능한 일일생활권으로 만들었어. 부산항과 인천항까지 물류 이동도 편리해졌지.

이후 꾸준하게 고속도로가 늘어나서 2021년 기준 우리나라에는 54개 노선이 운영 중이며, 하루 평균 이용 차량이 가장 많은 노선은 경부고속도로야.

고속도로가 사방팔방 잘 연결되어 있으면 차를 타고 어디든 갈 수 있잖아. 통일이 되면 차를 타고 유럽까지 갈 수 있겠지? 그날이 빨리 오기를 기다리자!

우리나라 최초의 휴게소는 어디?

1970년 경부고속도로 중간 지점인 추풍령 고개에 세워진 추풍령 휴게소야. 우리나라 고속도로 휴게소 1호여서 경부고속도로 준공 기념탑이 있지.

또 잊으면 안 되는 곳이 있어. 금강 휴게소에는 경부고속도로 건설 중 목숨을 잃은 77명 노동자의 넋을 기리는 위령비가 있어.

고속도로는 자동차가 빠르게 달릴 수 있는 장점이 있지만 조심하지 않으면 교통사고가 크게 일어나. 특히 비나 눈이 오는 날, 터널 안에서는 더욱 신경을 써야 해.

오랜 시간 운전한 어른들이 피곤하다고 하면 휴게소에 잠깐 차를 세우고 휴식을 취하라고 꼭 말씀드려. 물론 그 사이에 맛있는 간식을 먹어도 좋고!

**유아차도
승차감이
중요해**

승차감이라는 말 들어 봤지? 달리는 자동차가 흔들려도 편안하게 타는 정도를 말해.

그렇다면 승차감이 가장 중요한 이동 수단은 무엇일까? 당연히 버스나 지하철 아니냐고? 내 생각에는 유모차가 승차감이 가장 좋아야 할 것 같아. 왜냐하면 태어난 지 24개월이 안 된 유아들은 머리를 지탱하는 목 근육이 발달하지 않아 작은 충격에도 위험할 수 있거든.

요즘은 유모차라는 말 대신 유아차라고 바꿔 부르고 있어. 아빠들도 유모차에 아기를 태우고 같이 산책하고 쇼핑도 할 수 있잖아. 변하는 시대에 맞춰 이제는 유아차라고 부르자.

유아차 덕분에 아기들도 편하게 멀리까지 산책하고, 아기를 돌보는 어른들도 여유로워졌어. 이런 위대한 발명품을 누가 만들었을까?

아기를 태우고 다닐 마차를 만들어 달라는 요청을 받은 영국의 건축가 윌리엄 켄트가 1733년에 처음 만들었어. 바퀴가 달린 마차 위에 아기가 타는 작은 바구니를 올려놓았는데, 놀라운 점은 개나 염소가 끄는 진짜 마차 형태였어. 요즘 시대에 그런 유아차가 있다면 동물 학대 논란에 휩싸이겠지? 어쨌든 윌리엄 켄트는 유아차의 아버지라고 할 수 있어.

이후 미국에서도 유아차를 만들기 시작했고, 1830년대 장난감을 파는 벤저민 포터 크랜들이 유아차 판매를 했다는 기록이 있어. 그의 아들은 더욱 연구를 해서 사람이 끌 수 있는 손잡이를 추가하고, 햇빛을 가리는 양산을 더했어. 엄청난 발전이지?

1889년에 윌리엄 리처드슨은 방향을 자유자재로 바꿀 수 있는 바퀴를 개발했어. 또한 바구니의 방향을 바꿔서 유아차를 미는 사람과 아기가 마주 보도록 했지.

유아차는 계속해서 성능이 좋아졌어. 1965년에 영국의 항공 기술자 오언 맥클라렌은 무거운 유모차로 고생하는 딸을 위해 세계 최초로 항공기 소재인 알루미늄을 이용해 가벼운 접이식 유아차를 만들었어. 이후 맥클라렌은 자신의 이름을 딴 유아차 회사를 만들어 유명해졌지.

우리나라에서는 언제부터 유아차를 탔을까?

19세기 말에 서양 사람들이 남긴 기록을 보면, 조선에는 유아차가 없고 포대기로 아기를 업고 다녔다고 적어 놓았어. 포대기가 뭔지 모르겠다고? 한번 검색해 봐.

온종일 아기를 업고 다니면 어른은 힘들지만 아기는 유아차에 있을 때보다 훨씬 마음이 편하겠지? 요즘에는 아기를 앞으로 안을 수 있는 아기띠가 있어. 포대기와 다르게 눈을 마주칠 수 있다는 장점이 있지. 요즘에는 아빠들도 아기띠에 아기를 안고 많이 다니잖아. 육아는 남자 여자 모두 같이 하는 거야.

1940년대에는 우리나라에도 유아차에 대한 관심이 컸다는 증거가 있어. 혹시 실용신안이라고 들어 봤어? 이미 사용하는 물건에 새로운 기술을 더해 더 편리하게 바꾸면 그 아이디어를 국가에서 보호해 주는 제도야. 1948년 우리나라 최초의 실용신안 등록을 받은 물건이 바로 유아차야.

1980년대 이후 유아차가 널리 퍼지기 시작해. 경제가 발전하고, 아이를 적게 낳으면서 아이들을 위한 상품 판매가 늘어났거든.

요즘은 가족 여행이 많아지면서 유아차를 차에 싣고 다닐 수 있도록 더 가볍고 튼튼하게 만들고 있어. 가벼운 소재인 카본으로 만들기도 하고, 미세먼지가 증가하면서 유아차에 다는 공기 청정기도 나오고 있지.

유아 2명이 탈 수 있는 왜건이라는 수레도 인기가 많아. 왜건은 바퀴가 4개가 달린 마차라는 뜻이야. 왜건에 누워서 산책하면 잠이 솔솔 올 거야.

요즘 우리나라뿐 아니라 전세계적으로 가장 큰 문제가 아기를 적게 낳는 저출산이야. 여러 가지 대책이 필요하지만 먼저 아이를 편하게 키울 수 있는 세상이 되어야 할 거야. 유아차를 타는 유아는 우리나라의 미래잖아!

어릴 적부터 나는 궁금증이 많아서 어른들에게 질문을 많이 했지. 한번은 미용실에서 머리를 자르다가 미용사 누나한테 "바리캉을 왜 바리캉이라고 불러요?"라고 물었더니, 누나는 쓸데없는 것에 관심 갖지 말고 그 시간에 영어 단어를 하나 더 외우라고 잔소리를 하더라. 그 당시 나에게 스마트폰이 있었다면 바로 검색했을 거야.

지금도 그 버릇이 남아서 어느 날 친구와 라면을 먹다가 라면의 역사가 궁금해서 바로 인터넷 검색을 했어. 친구가 그런 것이 왜 궁금하냐며 황당한 표정을 지었지.

라면 덕분에 일본, 중국의 근대사와 쌀이 부족해 밀가루 음식을 많이 먹었던 1970년대 우리나라 사회 풍경을 알 수 있었어. 뿐만 아니라

국수와 다르게 왜 면발이 꼬불꼬불한지 과학 상식까지 배웠으니 일석삼조야.

공부는 꼭 학교나 학원에서만 할 수 있는 게 아니야. 호기심을 갖고 살펴보면 여러 가지를 흥미롭게 배울 수 있지. 이제부터 당연하다고 생각하는 것들을 보면서 '왜?'라는 질문을 던져 봐! 세상이 다르게 보일 거야.

이 책을 쓰려고 수많은 자료를 찾다 보니 엉뚱한 상상력과 호기심이 발명의 씨앗이 되었더라. 이 세상 모든 사람이 똑같이 생각했다면 비행기, 지우개 연필, 자전거, 청소기, 스마트폰 등이 이 세상에 탄생하지 못했을 거야.

우리 한번 같이 상상해 볼까? 30년 뒤에 컵라면은 어떻게 변했을까? 편지와 물건은 어떻게 배달할까? 노트북은 얼마나 더 가벼워질까? 자동차가 비행기처럼 하늘을 날아다닐 수는 없을까? 한여름, 옷에 에어컨 기능이 있어서 무더위를 피할 수 있다면? 너무 엉뚱해서 비웃음도 나오지 않는다고? 50년 전, 스마트폰을 만들겠다고 했다면 다들 말도 안 된다고 비웃었을 거야. 그렇지만 지금 우리는 스마트폰으로 항공권도 예약하고, 배달 음식도 주문하고, 화상 통화도 하잖아. 엉뚱한 상상이 현실로 이루어진 것들이 많다고.

그러니 마음껏 상상하고 꿈을 꿔. 여러분의 창의성이 만들어 낼 놀라운 미래를 기대할게!

이 책을 쓰는 데 도움을 준 많은 분들께 고마움을 전하고 싶어.

우리나라에 언제 처음으로 얼음 공장이 생겼는지, 시내버스가 언제 처음 운행했고 요금은 얼마였는지 등 사소한 것도 놓치지 않고 꼼꼼하게 기록하신 분, 자료들을 정리해서 잘 보관하신 분들이 많아. 그 분들의 노력이 없었다면 이 책을 쓰지 못했을 거야. 또 궁금증을 풀어 주는 재미있는 글을 쓰신 기자님, 작가님, 블로거 등 많은 분들이 쓴 자료가 큰 도움이 되었어.

편안하게 집필에 전념하도록 '작가의 서재'를 제공해 준 김포시 통진 도서관, 늘 격려해 주시는 양순숙 선생님, 이 책의 기획 방향을 고민하고 조언해 준 이금정 편집장님께도 감사의 뜻을 전하고 싶어. 마지막으로, 만날 때마다 엉뚱한 질문을 해서 나를 놀라게 하는 조카 해든, 여울에게도 사랑을 전할게.

문부일

『1%를 위한 상식백과』 베탄 패트릭, 존 톰슨, 써네스트
온라인 백과사전-위키백과, 나무위키, 네이버 지식백과, 다음백과

<익숙한 장소의 역사>

우체국
우정사업본부 블로그
기상천외한 우편배달 역사를 아시나요?, 한국우편사업진흥원

동물원
동물원 역사는 동물이 행복해지는 역사, 과학동아(2009.5)
『동물원은 왜 생겼을까?』, 김보숙, 걸음

도서관
6000년 역사 도서관의 모든 것, 헤럴드경제
56돌 맞은 국내 최대 도서관축제, 부산서 열린다, 파이낸셜뉴스

공항, 비행기
자동차로 만나는 세상 블로그
최고의 비행기는 헤라클래스? 플라이어 1호?, KISTI의 과학향기(제272호)
아찔하게 무모했던 최초의 태평양 횡단비행, 시사인
세계 최초의 객실승무원은 남자, 최초의 여승무원은 '○○○' 출신, 중앙일보
제주항공우주박물관 블로그
한국공항공사 블로그

슈퍼마켓
별별랭크쇼-슈퍼마켓 역사, yestv
『편의점 사회학』, 전상인, 민음사

패스트푸드점
北 패스트푸드점에 어떤 메뉴가?, 한국경제
KFC 홈페이지

영화관

영화사전, propaganda

『영화 기술 역사』, 정헌, 커뮤니케이션북스

학문명 백과, 형설출판사

『한국 근대 영화사』, 이효인, 정종화, 한상언, 돌베개

씨네클래식 영화사 신문 제5호 (1912~1914), 씨네21

찜질방

백성의 치료소, 한증소, EBS 역사채널e

은행

[알쏭語 달쏭思] 은행·은항(銀行), 이투데이

최초의 은행, 어디서부터 시작되었을까?, 뱅크샐러드

한국은행 홈페이지

해수욕장, 수영장

올여름, 부산이 뜬다, 부산시보

[윤기자의 콕 찍어주는 그곳]우리나라 최초 해수욕장은?, 서울신문

동대문운동장 '역사 속으로', 연합뉴스

- -

<익숙한 음식의 역사>

스팸

『전쟁이 요리한 음식의 역사』, 도현신, 시대의창

라면

라면 면발 길이, 어디까지 재 봤니?, 팔도 블로그

가파른 성장세 컵라면, 봉지라면 아성 허무나, 매일신문

중국의 납면, 어떻게 현재 우리가 먹는 '라면'이 됐을까?, 파이트타임즈

대한민국 용기면의 대명사, 농심 '육개장사발면' 이야기, 농심 블로그

치킨

『대한민국 치킨전』, 정은정, 따비

돈가스, 카레
윤덕노의 음식 이야기 104-돈가스, 동아일보
예종석의 오늘 점심-카레라이스, 한겨레
기름에 튀긴 커틀릿의 바삭한 변주곡, 돈가스의 역사, 동아일보

소금
『세상을 바꾼 다섯 가지 상품 이야기』 홍익희, 행성B
소금박물관 홈페이지
빛과 소금이 있었네-신안 소금박물관, 서울신문 나우뉴스

빙수
빙수 르네상스 시대와 빙수의 역사, SPC매거진
윤덕노의 음식 이야기 61-팥빙수, 동아일보
얼음이 팥에 푹 빠진 이유는..., 한겨레
뼛속까지 스며든 더위, 이럴 땐 냉면이 그립다, 인사이트코리아
달콤, 시원, 씁쓸한 빙수의 사회학, 경향신문

짜장면
조선 최초의 배달음식은 OO이었다?, 매일경제

콜라
『마시는 즐거움』, 마시즘, 인물과사상사
한국 코카콜라 홈페이지
북한판 콜라 '보리수' 4종 출시, 세계일보

케이크와 떡
『음식이 상식이다』, 윤덕노, 더난출판사

껌
『알고 보니 풍선껌이?』, 이형진, 조선북스
한국의 '껌 역사' 60년... 롯데 껌 누적매출 4조원, 헤럴드경제
껌, 비닐로 만들었다는데... 안심해도 될까?, 헬스조선
[식품첨가물 알고 먹자] 〈1〉화학물질로 만드는 껌, 서울신문

<익숙한 물건의 역사>

여권

외교부 여권안내 홈페이지
전우용의 픽 11화-여권의 역사, KTV
더 넓은 세계로 나아가다 '해외여행의 자유화', 대한민국 역사박물관 블로그

냉장고

[가전史 들추기] '白색가전' 대표주자가 '돕색가전'이 되기까지, 이데일리
'SERICEO-잡동사니 해부학' 냉장고의 역사, 김지룡
인류의 일상을 바꾼 냉장고의 역사와 혁명, 필요의 탄생, 광주일보

연필, 지우개

250년, 연필의 역사를 쓰다, 중앙시사매거진
한국문구 60년사, 한국문구공업협동조합
전우용의 현대를 만든 물건들, 한겨레
『99%의 롤모델』, 권홍우, 인물과사상사
세계 최초 고무지우개 기록, 어린이 과학동아(2019. 4)
『발명상식사전』, 왕연중, 박문각
『연필』, 헨리 페트로스키, 서해문집

우산

『세계문화 벗겨보기』, 찰스 패너티, 일출
아무나 쓸 수 없었던 '우산', EBS NEWS From

A4 용지

『101가지 초등수학 질문사전』, 김남준 외, 북멘토
A4용지는 황금 비율일까?, LG사이언스랜드
나무 23만 그루의 가치... 숫자로 본 21대 국회의원 선거, YTN
지구를 지키는 20가지 제안-지구를 위해 종이를 아껴 주세요!, KBS

청바지

『옷장 속의 세계사』, 이영숙, 창비

마우스
[알아봅시다] 탄생 40주년 맞은 마우스, 디지털타임즈

노트북
공책만 한 크기에 결집된 첨단기술-노트북 컴퓨터, IT동아
국립중앙과학관 컴퓨터 과학관
이만영 교수와 '한국 최초 컴퓨터', 사이언스 타임즈

스마트폰
핸드폰 휴대폰 스마트폰 용어의 역사, https://imymestory.tistory.com/12
마흔 살의 어린아이, 휴대전화, KISTI의 과학향기(제1863호)
SKT가 하면 뭐든지 최초!? 휴대전화 서비스 30년 되돌아보다, SK텔레콤 뉴스룸

진공청소기
글로벌 대명사 브랜드가 되고 싶다면 후버처럼, 일간스포츠
역발상으로 진공청소기 탄생시킨 '세실 부스', 한국기계연구원 웹진

포스트잇, 스카치테이프
『교양영어사전2』, 강준만, 인물과사상사
스카치테이프 홈페이지
3M 홈페이지

- -

<익숙한 교통수단의 역사>

자전거
『자전거, 인간의 삶을 바꾸다』, 한스-에르하르트 레싱, 아날로그
『한국 최초 101 장면』, 김은신, 가람기획

기차
[오늘의 경제소사]증기 기차 첫 상업 운행, 서울경제
'모갈 1호'에서 첨단 고속열차까지 '국민의 발' 120년 역사를 달려왔다, 중앙일보
나폴레옹 때문에 철도 폭이 달라졌다고?, 중앙일보

버스

한국 첫 시내버스는 대구서 운행, 조선일보

엘리베이터

세계 속 이색적인 승강기, 한국승강기안전공단 블로그
中후베이 협곡에 세계최장 688m 관광 에스컬레이터 개통, 연합뉴스
모든 층 평등하게 만든 엘리베이터, 도시의 '수직혁명' 이끌다, 문화일보
국내 승강기 70만대 돌파, 건설경제

무빙워크

"New York City's Long-Held Fascination With Moving Sidewalks", Peter Ward

고속도로

최초의 고속도로 경인고속도로가 역사 속으로 사라진다, 한국일보
한국도로공사 홈페이지
대한민국역사박물관 블로그

유아차

맥클라렌, 英 항공기 설계사 손에서 태어난 '황실 유모차', 이투데이
[명예기자가 간다] 국내 첫 특허 1948년 '염료 제조법'... 실용신안 1호는 '유모차', 서울신문